はじめて旅するウズベキスタン【最新版】　矢巻 美穂

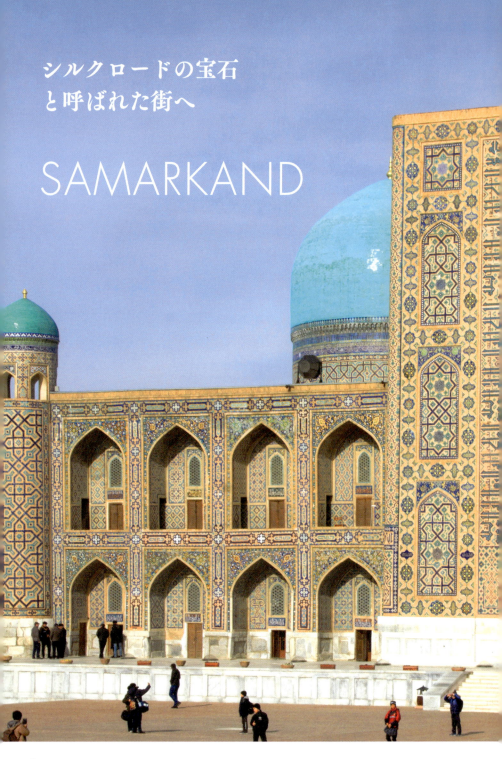

ウズベキスタンを代表する観光地サマルカンドのティラカリ・マドラサ（P 71）

ティラカリとは金で覆われたという意味。その名の通り内部は金色に輝く（P 71）

BUKHARA

16世紀から500年変わらぬ姿で佇むバザール（P109）

砂漠の中の城塞都市ヒヴァのイチャンカラ（P126）

KHIVA

Index

2 … 写真で巡るウズベキスタン

8 … Uzbekistan Information ウズベキスタンってこんな国、CITY MAP

14 … ウズベクごはん　ウズベク料理が食べたい！

24 … コラム☆ウズベキスタンのお酒とタバコ事情

Tashkent タシケント

26 … タシケント MAP

28 … 革新するタシケント

30 … タシケントに新名所誕生！

32 … 着いたらすぐに行ける遺跡

34 … 巨大バザールに行ってみよう

38 … ウズベキスタン唯一のバレエ・オペラ劇場

39 … 異なるデザインが楽しい地下鉄の駅巡り

40 … ウズベキスタンを知る　美術館・博物館へ

42 … 現役の神学校で観光客が体験できること
年間 40 万人が来場する人気サーカス

43 … UZ が造った日本庭園でのんびりランチ

44 … おいしいタシケント　タシケントのレストラン

53 … ウズのスイーツを満喫

54 … ウズベキスタンホテル事情　タシケントのホテル

60 … アフラシャブ号に乗って サマルカンド、ブハラへ

62 … コラム☆ウズベキスタンのチャイハナ文化

Samarkand サマルカンド

64 … サマルカンド MAP

66 … イスラムの宝石、サマルカンドへ

68 … サマルカンドで必ず見たいマストゴーな遺跡

70 … ウズベキスタンを代表する名所　レギスタン広場

75 … イスラム・カリモフ通りでお買いもの

76 … ゲートは 39m、ドームは 44m の高さを誇る巨大モスク

77 … 青のイスラム建築の中の小径を歩く

80 … シルクロードの面影が残るオールドバザール

83 … 郊外の工場見学へ

84 … 50年の時を経てあらわれた隠しワイン倉庫のツアー
86 … おいしいサマルカンド　サマルカンドのレストラン
92 … 多彩なビアホールが軒を連ねるパブストリートへ
94 … サマルカンドのホテル
96 … ちょっと足を延ばして　ティムールの故郷へ

Bukhara ブハラ

98 … ブハラMAP
100 … 砂漠のオアシスで中世を感じる
102 … ブハラで必ず見たいマストゴーな遺跡
106 … アルク城の中に新たに考古学公園がオープン
109 … 中世と変わらぬバザールでお買いもの　タキ・バザール
114 … ラビ・ハウズ周辺でできること
116 … おいしいブハラ　ブハラのレストラン
121 … ブハラのホテル
124 … 地元の人たちと交流したい！

Khiva ヒヴァ

126 … 砂漠の都市、憧れのイチャンカラへ
128 … ヒヴァで必ず見たいマストゴーな遺跡
　　　イチャンカラMAP
131 … 城壁を歩く！
　　　イチャンカラを眼下に見るお散歩コース
132 … おいしいヒヴァ　ヒヴァのレストラン
134 … 持ち帰りたいヒヴァ
136 … 世界遺産に泊まりたい　ヒヴァのホテル

138 … 持ち帰りたいウズベキスタン
143 … Information オプショナルツアーについて

※本書掲載のデータは2025年3月現在のものです。
　店舗の移転、閉店、価格の改定などにより、訪れる
　時期によって実際と異なる場合があります。

Uzbekistan
Information

ウズベキスタンってこんな国

かつて東西交易が盛んだったシルクロードにおいて、重要な中継地として栄えた。美しいイスラム建築の遺跡群はシルクロードの宝石と呼ばれ、現在は世界遺産に。憧れのオアシス都市へ旅に出よう。

[正式国名] ウズベキスタン共和国
[面　積] 約 448,969㎢
[人　口] 35,700,000 人
[首　都] タシケント
[宗　教] イスラム教、キリスト教など
[言　語] ウズベク語、ロシア語

[通 貨]
スム

通貨はスム（SO'M）※国際表示はUZS。紙幣は、100,000、50,000、10,000、5,000、500、200、100、50、25、10、3 の 11 種類。コインもあるが、流通しているのはほとんどが紙幣。紙幣でも小額の 100 スム以下はほぼお目にかかれない。2025 年 3 月現在、1 スムは 0.012 円。

[両替]

日本円からの両替は、銀行や一部の中級ホテル、高級ホテルの両替所で可能。空港では荷物の受け取りカウンター近くに両替所と ATM がある。タシケントでは日本円からの両替が可能だが、他の都市では原則 US ドルからの両替が基本。レートは政府で統一に定められているのでどこでも同じ。

[日本との時差]
日本時間マイナス 4 時間

サマータイムはない。日本との時差は、マイナス 4 時間。日本時間が正午の時、ウズベキスタンは午前 8 時。4 時間の時差なんて、さほど気にならないと思うことなかれ。例えば現地で夕食を午後 8 時にとると日本時間では深夜 12 時。食事時間を早めにするなど体調管理に気をつけて。

[気候]

大陸性気候で日中の寒暖差があり、夏は 40℃近くにもなるが湿気が少なく比較的過ごしやすい、冬は氷点下の日もあり雪も降る。砂漠地帯、山岳地帯では気候にも大きな違いがあるので注意。ベストシーズンは 4 〜 6 月、9 〜 10 月。降水量も少なく、この時期には日本からの直行便もあるのでおすすめ。

[直行便]
ウズベキスタン航空

国営のウズベキスタン航空は、成田国際空港との直行便を就航している。4〜10月(週2便)、11月〜3月(週1便)フライト時間は、行きは約8時間30分、帰りは約7時間となる。通年で韓国の仁川空港からは毎日就航しているので、これを利用するとスケジュールは立てやすい。

[ビザ]
2018年より不要

これまで観光目的でもビザが必要だったが、2018年2月から条件を満たせば不要に。条件は通過や観光、知人訪問などの目的で、旅券残存期間が3ヵ月以上、未使用2ページ以上あることで、滞在30日間はビザなしでOK。観光ならほぼこれをクリアできるため、事実上のビザ撤廃と言われている。

CITY MAP

おさえておきたい4つの都市

飛行機でまずは首都タシケントへ入り、そこからどこに移動しようか。大都市タシケントの今を満喫、それから青の都の遺跡と世界遺産も。シルクロードの軌跡も見てみたい！ そんな希望が叶えられる4つの街をチェックしておこう。

[タシケント]

古都と比べ「入国するための都市」のイメージがあるが、タシケントは地下鉄やバレエ・オペラ劇場など国内で唯一のものが多い。料理は中央アジアから中東、ヨーロッパと各国の味が楽しめる。ソビエト連邦時代に建てられた、とにかく大きな建物も必見。

[サマルカンド]

古代からシルクロードのオアシス都市として繁栄してきた街。ウズベキスタン観光の代名詞でもある「青の都」「イスラムの宝石」などの呼び名もここサマルカンドのこと。レギスタン広場の壮大なマドラサ、シャヒーズインダ廟の美しさを見ずには帰れない。

[ブハラ]

砂漠に囲まれた街ブハラ。早くからハウズと呼ばれる池を整備し水路を確立。シルクロードのオアシスとして栄えた。生成色のレンガ街は、バザールや商店、遺跡がぎゅっと1か所にまとまっているので、歩きやすく散策が楽しい街。

[ヒヴァ]

砂漠の中の城塞都市ヒヴァ。外敵からの侵略を防ぐための城壁があり、その中に街の機能の全てが造られた。1990年に国内ではじめて世界文化遺産に登録された城壁の中には約50の遺跡や土産物店やレストランがあり、歩いてゆっくり散策できる。

AMIR TEMUR

ULUGH BEK

覚えておきたいキーパーソンはふたり

アミール・ティムールと ウルグ・ベク

　ウズベキスタンを観光しているとよく目にする名前がある。マドラサ（神学校）や博物館では、その名前が付けられているところも多く、とにかくふたりの名前がよく出てくる。その人物の名は、「アミール・ティムール」と「ウルグ・ベク」だ。ふたりともティムール朝の君主である。ウズベキスタンの歴史は紀元前からあり、歴史を語るにはそれだけで1冊の本ができてしまうほど。人気の遺跡の多くがこのふたりが関わるもので、アミール・ティムールが登場する14世紀以降のものがほとんど。まずはこのふたりを知っておくと、観光もスムーズに回れそうだ。

　ウズベキスタンの第一の英雄と呼ばれるティムールはわずか一代で、現在のアフガニスタン、イラン、イラクにまたがる大帝国を築き上げた人物。サマルカンド南部の村、現在のシャフリサーブスの貴族の家に生まれたティムールは、モンゴル人国家のチャガタイ・ハンに属していた。若くから軍事的才能に優れていたティムールは、チャガタイ・ハンの内紛に乗じて、1370年にティムール朝を建国。当時、王と名乗るのは、チンギス・ハンの系譜を踏む者だけに許されていたことから、チンギス・ハンの子孫と婚姻関係を結んだ。かつてチンギス・ハンによって破壊されたサマルカンドを整備、征服した各国から優秀な建築家や技術者を連れ帰り、モスクや廟、マドラサなどの建築に携わらせた。「チンギス・ハンは破壊し、ティムールは建設した」という言葉もあり、サマルカンドに都を置くと、シャフリサーブスなどの都市の復興に力を注ぎ、ウズベキスタンを代表する英雄として語り継がれるようになった。この時に造られた建築物は、その優れた色彩と美しさから現在は世界遺産に認定されている。

　いっぽう、ウルグ・ベクはティムールの四男シャー・ルフの長男で、ティムールの孫にあたる。軍事の才があったティムールとは対照的に、ウルグ・ベクは学問、芸術に長けていた。天文台を建設し、四季や星座の研究に没頭。当時製作した六分儀は現在の時刻とほぼ変わらぬ正確さを持っており、後世の世界中の学者を驚かせた。当時の天文学は、聖職者からイスラムの教えに反する考え方だと強烈な反発もあって、権力争いのすえ実の息子に暗殺される不運に見舞われるが、ウルグ・ベクの研究は現代にも通用する素晴らしいものだった。現在ある星座の1018個はウルグ・ベクが見つけたものと言われている。

　これらを踏まえて遺跡を見てみると、わかってくることがある。例えばウルグ・ベクが造ったマドラサのゲートの壁面には、星や宇宙を思わせる装飾が施されているし、ティムールの故郷、シャフリサーブスのアクサライ宮殿の壮大さ、ティムールが眠るグリ・アミール廟の内部にある金の荘厳な装飾などを見ると、ティムールがいかに強大な力を持っていたかを、うかがい知ることができる。

UZBEKISTAN airways
Information

[正式名] ウズベキスタン航空
[就航地] 世界 56 都市
[日本国内連絡先] 東京都中央区日本橋本町 3-3-6 ワカ末ビル 7 階
☎ 03-6202-7590
[HP] http://www.uzairways.com/en

日本からの直行便でラクラク行きたい

ウズベキスタン航空なら、成田－タシケント間の直行便でラクラク行ける。より近くなったウズベキスタンへ行こう。

[国際線]

日本から直行便で便利に行きたい

ウズベキスタンに行くなら、やっぱり直行便が便利。成田から 8 時間 30 分でタシケントへ。日本からの直行便はウズベキスタン航空が運行している。ウズベキスタン航空は 1992 年、ウズベキスタン共和国の独立とともに設立、現在は世界 56 都市に定期便を運行、25 カ国に支店を持つフラッグ・キャリア。日本からの直行便は、4～10 月(週 2 便火、金曜)、11 月～3 月(週 1 便金曜)に成田－タシケント間を運行。また季節によっては札幌、大阪、九州などからサマルカンドへのチャーター便の運行がある場合も。

[国内線]
主要都市への移動は飛行機で

| タシケント-ブハラ |
1日1～2本、1時間10分

| タシケント-サマルカンド |
週6日（火曜以外）、55分

国内には16か所の空港があり、ロシアやフランス、ドイツ、イタリア、サウジアラビア諸国、トルコ、アメリカからの国際線と、ウズベキスタン国内線が運行する。国内を効率良く移動するなら、飛行機が便利だ。現在ウズベキスタン航空は、タシケントを中心にウズベキスタンの各都市に就航している。ヒヴァの観光に便利なウルゲンチへはタシケントから1日3便、1時間半で到着。

[機内食]

日本からの便は西洋料理。ウズベキスタンからの便などでは、名物料理のプロフが提供されることも。エコノミーはビーフとチキンの2種類のメインからひとつチョイス、ビジネスクラスは魚が加わり、3種類から選べる。

ビジネスクラス

エコノミークラス

[機材＆シート]

日本運行の機体は787のドリームライナーを使用している。ビジネスクラスは大きなモニターにフルフラットになるシートで、長時間の移動でも快適で過ごせる。

チケットの購入の仕方

チケットは、各旅行代理店からの手配と、ウズベキスタン航空で直接手配するふたつの方法がある。

・ウズベキスタン航空のHP 予約及び購入　www.uzairways.com へ
・旅行代理店（株）PSB　　https://www.kkpsb.co.jp
　uzbekistan@kkpsb.co.jp（予約及び購入）

ウズベクごはん

主食はナン

チョルスー・バザールにあるナンバザール

ウズベク料理が食べたい！

リーズナブルにバランスよく
食べられるウズベク料理

ウズベキスタンの料理は実に多彩だ。プロフが有名なので、ワンプレートに載せられる料理が多いかと思いきや、意外にも洋食のコース料理のように、サラダ、スープ、メイン、デザートと頼むのがもっともオーソドックスなオーダーの仕方。しかもこんなに食べても一般的なレストランなら10万〜15万スムととってもリーズナブル！ そしてどの料理にも必ず登場するのは、主食ナン。たくさんの種類があるので、いろいろ食べ比べしてみて。

Non ナン

これがないとはじまらない
ウズベキスタンの食卓

ウズベク人が毎食食べるものと言ったら、ナン！ ナンというとインド料理のナンを思い浮かべるが、ウズベキスタンのナンは、見た目、味ともに一般的なパンそのもの。小麦粉と水に塩を加えて練り、発酵させたあとタンドルで焼き上げる。どんな食事でも最初に紅茶とナンが運ばれ、これを食べながらメインの料理を待つ。

Yopgan Non
ヨップギャナン
タシケントのやわらかい一般的なナンで、毎日の食卓にあがるもの

Rochira
ローチーラ
お皿のような形の固いナン。この形状だが何かを入れることはなく、割ってそのまま食べる

Patir バティール
水分が少なく固く大きいもの

Shirmoy Non
シルモティナン
バティールと作り方は同じで、大きさが小さいもの

To'y Non
トオイナン

結婚式のお持たせでよく見られる華やかなナン。花をモチーフにした派手なビジュアル。直径は30cm以上あり、大きくて重い

地域によって異なる味が楽しめる

タシケントからヒヴァまでの距離は西へ1000km。その間には地域によってさまざまなナンがあるので食べ比べしてみよう

Samarkand
サマルカンド

サマルカンドのナンは固くて重い。手でちぎれないため、レストランでは切れ目が入っている

Bukhara
ブハラ

ブハラのナンはサマルカンドに比べて薄くて軽やかなパリッとした食感

Khiva
ヒヴァ

どの地域よりも薄く、パリパリ。表面にそれぞれの家紋が押される

15

ウズベク
ごはん

みんな大好き！国民食プロフ

Palov プロフ

鍋が大きければ大きいほど
おいしくできるプロフ

ウズベク料理の代表をひとつ挙げてと言われたら、間違いなく最初に挙げられるのがプロフだろう。ウズベク人も観光客もみんな大好きな料理だ。ウズベク語では Osh（オシ）、または Palov（パロフ）と呼ばれるが、観光客にはロシア語の Plov（プロフ）の方が、馴染みがあるかも。大まかな作り方はピラフと同じで、米や具材を油で炒めてから炊き込むご飯。肉や野菜から出た旨みが米に染み込むことから、より大きな鍋で作るのが良いとされている。人気のプロフ店では巨大な鍋で3時間もかけて作られ、たっぷりの油でひと粒ひと粒コーティングされたお米は文句なしに旨い！ カロリーなんて気にせずにかき込んで食べたいパワーフードだ。

To'y oshi
トオイ オシ

結婚式で出される豪華なプロフ。カズィと呼ばれる馬肉のソーセージや卵をトッピングしてある

タシケントの大人気店「BESH QOZON」の巨大鍋

Choyxona Palov
チャイハナ パロフ

黒いプロフと呼ばれ、男性たちが集うチャイハナで食べられるプロフ。玉ねぎが黒くなるまでローストして、塩漬け肉を使用する。一般的なプロフと比べて味が濃く塩分強めだが、いちど食べたら、また食べたくなる、やみつきになる味

Mevali Oshi
メバリ オシ

りんご、あんず、干しぶどうなどフルーツのみで作った、オリジナルの創作プロフなどもある

地域によって異なる味が楽しめる

西へ移動するほど、油が少なくあっさりとした味に変化する。どの地域のプロフがお気に入りになるか試してみよう

Samarkand
サマルカンド

味はほぼタシケントのプロフと同じだが、にんじんを混ぜずに後からのせるなど盛り付けが異なる

Bukhara
ブハラ

油が控えめで、ダイエットプロフと呼ばれる、あっさりとした味わい

Khiva
ヒヴァ

油は少なく色味も白い。たきこみご飯のような味わいでサラリと食べられる

ウズベク ごはん

メニューで いちばん多いのはサラダ

プロフ人気のゆえ、ウズベク料理は脂っこいものが多いのではと思われがちだが、それは大きな誤解。例えば日本に来た外国人旅行客が、天ぷらとトンカツ、ラーメンだけ食べて帰って、日本は脂っこい食べ物が多いと言われたら、それは誤解だと言いたい。同じようにウズベク料理もプロフだけではない。ウズベク人は野菜をよく食べる。野菜そのものの値段が安く、鮮度が良くておいしいのがその理由。レストランのメニューでいちばん多いのはサラダで、4、5ページにわたってサラダが記載されている店も。バザールではお惣菜のサラダが山盛りで種類も多彩。手間ひまかけた一品も多いのだ。しかも値段が安い！一般的なレストランのサラダの価格は、具材によって異なるが、一皿 20,000〜40,000 スムくらいなので、いくつか頼んでみよう。

Markavcha
マルカフチャ

にんじんとパクチーにニンニク、味付けは塩とレモン。シンプルだけどパンチの効いたおいしさ。バザールなどで山盛りに売られている、もっともポピュラーなサラダ

パンとチーズ、トマトが入ったじゃがいものマヨネーズサラダ。日本人にも親しみやすい味

Smak Salat
スマック サラト

Bahorgi Salat
バホルギ サラト

きゅうりやトマトを大きめにカットして塩、油、またはレモンを加えたオーソドックスなサラダ

プロフのお供に

Achlq Chuchuk　　**Tuzlama**
アチャク チュチュク　　トウズラマ

油の多いプロフには酸味の強いさっぱりサラダがぴったり。トマトと玉ねぎ、パクチーに塩と酢が強めのアチャクチュチュク、野菜の酢漬けトウズラマと一緒に食べるとおいしさアップ

スープにもナンにも

Suzma　　　**Kaimok**
スズマ　　　　カイモック

ウズベク料理に欠かせないスズマやカイモック。新鮮なミルクから作ったヨーグルトのようなもので、酸味のある塩味。ナンにつけてもサラダに入れてもどんな料理にもよく合う

Salat サラダ

野菜天国ウズベキスタン

レストラン・グラチッサ（P52）の魚のミルフィーユ仕立てのサラダ

Achchiq Goshtli Salat
アチャク ゴーシテリィ サラト

唐辛子、胡椒、ニンニクを入れた、牛肉の辛いサラダ。葉物野菜と一緒に食べる

Sigirning Tili Salat
シギニング サラト

牛舌とサラダ菜をマヨネーズで和えたサラダ。ウズベクのサラダはよく肉を合わせて食べる

Sirli Pamildori
シルリ パミールドゥリー

マヨネーズ味のコーンをトマトに詰めて焼いたもの。チーズの風味がたまらない

Podshuba
ポッドシュバ

冬季によく食べられるスクンバラという魚のサラダ。にんじんやポテトサラダなどを何層にも重ねた、手間のかかるミルフィーユ状のサラダ

Khorovas
ホロワツ

ナスをグリルして細かく刻み、トマトとパクチーを加えたサラダ。焼いたナスの風味が独特でハマる味

Tovukli Salat
トウブグリ サラト

鶏肉とトマト、玉ねぎやピーマンを炒めたもので、肉野菜炒めのようなもの。これもサラダの仲間！

Vinegret Salat
ビネグレット サラト

ビーツの鮮やかな赤色のサラダ。豆やキャベツを加え、オイルと塩のみで味付けた、シンプルな一品

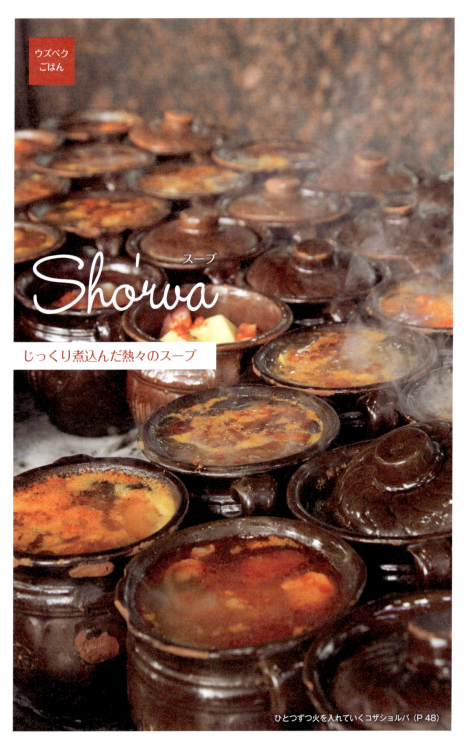

| ウズベク |
| ごはん |

Sho'rva
スープ

じっくり煮込んだ熱々のスープ

ひとつずつ火を入れていくコザショルパ (P 48)

手の込んだスープはぜひオーダーしてみて

ウズベク料理の楽しみのひとつには、スープのおいしさがある。羊や牛肉を数時間かけて煮込み、熱々で提供。肉はホロホロにやわらかく、野菜など具材もたっぷり。どこの店も日本人の感覚ならスープひとつは2人分くらいの量があるが、ウズベク人は取り分けることなく、一人ひとつオーダーする。量は確かに多いのだが、どのスープも旨すぎるので、気がつけばペロリだ。ぜひ一人ひとつオーダーしてほしい。別々のスープをオーダーして味くらべするのも楽しいはず。

SHI
シ

シャベルという葉を入れた塩味スープ。牛肉やパクチー入りのハーブ感の強い味

Borsch
ボルシチ

ロシアを代表するスープ。ビーツ、キャベツ、にんじんを牛肉のブイヨンで味付け

Mastova
マスタバ

ウズベク人が大好きなごはん入りで具だくさんのスープ。赤いのはトマトやにんじんの色で、辛味はなく酸味のある爽やかな味わい

Qozon Sho'rva
コザ ショルバ

ウズベク語でコザは鍋を意味する。小型の鍋を直接火にかけて作る熱々のスープ

Yasmiq Sho'rva
レンズ豆のスープ

レンズ豆をたっぷりと。他にもにんじんなどの野菜を煮込んだ塩味のスープ

Pelmeni Sho'rva
ペリメニのスープ

ロシアの水餃子のペリメニを入れた牛肉のスープ。やさしい塩味がおいしい

まだまだある！麺料理

これだけで満足感が得られる多彩な麺料理。ランチにもディナーにもおすすめ

Laghman
ラグメン

中央アジアで食されるトマトベースのうどん。スープのひとつとして食べられる

Pelmeni
ペリメニ

ロシアを中心とした近隣の地域でよく食べられる小さな水餃子

Manti
マンティ

胡椒が効いたひき肉を小麦粉の皮で包みスチーム。大きな水餃子のようなもの

ウズベク ごはん

メイン料理

Asosiy taom

焼きたてシャシリクのすごい実力！

バザールの食堂でもレストランでもウズベク料理店なら必ずある、肉の串焼きシャシリク

男性たちの憩いの場「チャイハナ」でよく食べられるカザンケバブ

メイン料理はやっぱり肉

海に面していないウズベキスタンでは、メイン料理はやはり肉が多い。もちろんレストランでは魚料理もあり、川魚の旬を迎える冬は魚料理もおすすめ。肉は宗教上、豚は食べず牛、羊、鶏となる。グリル料理のシャシリクは、串刺しにした肉を炭火で直焼きしたもの。肉はあらかじめ、酢やハーブなどで漬け込んであって、そのまま食べてもおいしい。串と言っても日本の焼き鳥の竹串ではなく、西洋のバーベキューで使われるような大きな鉄串。そのまま食べると危険なので、串から外して食べるのがウズベク流。

シャシリクは牛と羊があるので、どちらもオーダーしたい

Kazan Kabab
カザン ケバブ

炒めたじゃがいもとやわらかな羊肉がたまらない肉料理。観光客に大人気で、ツアーの食事にも組み込まれる

Zarga Oralgan Qoy Goshiti
ザルガ オラルガン クイ ゴシティ

じっくりと時間をかけてグリルする羊肉のホイル焼き。肉は羊のほか牛もあるので好みを選んで

Jiz
ジズ

ラムを油で揚げた料理。外はカリッと中はジューシー。骨つき、骨なしがあるので、好きな方を選ぼう

Kazon Kabob
カゾン キャボブ

羊のケバブ。カザンケバブより庶民的で、じゃがいもと肉だけのシンプルスタイル。クミンの香りが食欲をそそる一品

Golupsi
ゴールプシー

キャベツやぶどうの葉で肉を包んだものの盛り合わせ。塩茹での薄味でチリソースをかけて食べる

Tilla Tovuq
ティラ トブク

生後12日のひな鳥を塩のみでグリルしたもの。若いひな鳥は驚くほどやわらかく絶品

Dolon
ドロン

ブハラのレストラン「ドロン」で食べられる店名のついた名物料理。牛肉を卵焼きで包み、揚げたもの

Dolma
ドルマ

ひき肉をぶどうの葉で巻いた煮込み。コーカサス3国の料理で、ウズベキスタンでもよく食べられる

Qoy Goshti Lavash Non
クイ ゴシティ ラバシィ ナン

羊肉のシャシリク、玉ねぎとパセリをトルコ発祥の薄いナンで包んで、チリソースで食べる

肉料理以外のメイン料理は？

肉以外にもメインとなる料理はたくさん。小麦粉やヨーグルトなどを使った多彩な料理たち

Besh Barmoq
ベーシ バーラモック

ラビオリのように平たく伸ばした小麦の麺を茹でて、馬肉のスープをかけていただく

Barak
バラク

ヒヴァなどのあるホラズム地方の料理で、小麦粉の生地にさまざまな具材を挟み茹でたもの

Kurutoba
クルトバ

ヨーグルトのようなスズマを水でのばしたスープに、小さくしたナンや牛肉を入れた料理。酸味があり観光客からは賛否両論ある不思議な味

23

ウズベキスタンのお酒とタバコ事情

旅行に行ったらおいしいレストランで一杯やりたい。でもウズベキスタンはイスラム教の国、お酒は厳しいのでは？と、そんな風に思っている人も多いはず。しかし心配することなかれ、実際はどこのレストランでも飲酒できるし、酒も販売している。国産のビール工場やワイン工場もある。それに加えて、ウォッカも国内で生産している。サマルカンドの「Pulsar」というビール工場周辺には何軒ものビアパブがあって、夏場は生ビールを片手に大盛り上がりを見せている。確かにイスラム教においてお酒は禁止されているし、敬虔なイスラム教徒はお酒を飲まない。しかしウズベキスタン国内全体を見てみるとまた様子が違うのだ。これは持論だが、もしかしたらこれまでの歴史が関係しているのかもしれない。ご存知の通りウズベキスタンは19世紀にロシア帝国に征服され、その後はソビエト連邦下の共和国となった。1991年のソビエト連邦崩壊まで、長らくロシア、ソビエト連邦の支配下に置かれていた。その間はもちろんロシアの文化を共有し、言語に至っては現在も約9割以上の人がロシア語を話せる。ウズベキスタンの地下鉄はロシア語表記だし、街の看板やレストランメニューもロシア語が多い。長きにわたり、ロシア・ソビエト連邦時代の文化が入り込んだということは、飲食にも少なからず影響しているのは間違いないと考えられる。実際にウズベク人にはウォッカを飲む人もいて、特に50代から上の世代にもっとも好まれているという。また街では食事の時にビールを飲んでいるのもよく見かける。ちなみに余談だが、ウズベキスタンの英雄アミール・ティムールはお酒をこよなく愛し、最期の時は戦いに向かう途中に、寒さをしのぐためにウォッカを飲みすぎたため病死したとも伝えられている。話はそれたが、ウズベキスタンでは、ビール、ワイン、ウォッカ、コニャック、シャンパンなど、お酒の種類も多く、観光客は無理なくお酒が楽しめる。ただし、日本のようにスーパーにはお酒は置いておらず、専門店での購入となる。レストランやスーパーなどの許可と持ち帰りの許可が違うためだ。お酒が好きで、ホテルの部屋で一杯と考えるなら、あらかじめ周辺の酒屋をチェックしておきたい。または中級以上のホテルならレストランがあるので、そこで飲むのがおすすめだ。

また、タバコについては酒屋のレジ付近にタバココーナーがある。驚くのは、電子タバコのIQOSが広く販売されていることだ。現在日本国内のIQOS銘柄の価格は530円〜600円くらいだが、ウズベキスタンでは20,000〜25,000スムで販売されている。喫煙者は成田出国の際に免税店でタバコを購入するのが常だが、成田の免税店では、通常10箱で6,000円のIQOSが5,400円とさほど安くなっていない。しかしウズベキスタンでは1箱250円前後で販売されているので、無理して成田の免税店で購入しなくても良いわけだ。IQOSは、タシケントはもちろん、サマルカンド、ブハラ、ヒヴァでも広く販売されているので心配はない。電子タバコを含む喫煙は、レストラン、ホテルなど室内ではほぼ無理。屋外の灰皿のある場所のみで喫煙が可能だ。

TASHKENT

タシケント

Tashkent
タシケント

革新するタシケント

エネルギッシュに変革中！
新旧が織りなす新たな街へ

初版から5年ぶりのタシケントは激変していた。世界が止まったコロナ禍の間に、この国は大きな改革を実施。大統領の命のもと、新たなフェーズに入っていた。世界のブランドホテルの誘致、国内最大級のビジネスセンターの造成、ウズベキスタンが誇る遺跡の修復など多岐に渡り、タシケントから約1時間で行ける国内最大のスキーリゾートもオープンした。さらにイスラム・カリモフ・タシケント国際空港とその周辺の道路を整備し、国際空港、国内のハブ空港として、これまで以上に使いやすい空港に生まれ変わった。民間でも52階建て超高層レジデンスなど高層ビルを建築し、レストランや施設もこの期間を利用してリフォームしている。そういった努力が実を結び、2024年には外国人観光客が大幅に増加。前年度から約19%アップの年間750万人以上の観光客が訪れたという。今まさに大変革期を迎えるタシケント。ただの中継地ではない、目まぐるしく変わる首都から目が離せない。

タシケントの交通

[飛行機] ウズベキスタン航空で4〜10月まで日本からの直行便が週2便。

[列 車] タシケント駅からウズベキスタン鉄道が運行。サマルカンド、ブハラなどの人気観光地までの特急電車がある。

[地下鉄] チーロンゾル線、ウズベキスタン線、ユヌサバッド線の3つのラインが走り、計29駅。1回の乗車は一律2,000スム。

[タクシー] タクシーは少々わかりずらい。正式なタクシーも白タクも見た目がほとんど同じで料金も交渉式。市内の移動料金は15,000スム前後。便利な配車アプリのヤンデックス・ゴーが主流。

Aziz ABDUKHAKIMOV

Message to everyone in Japan

アジズ・アブドゥハキーモフさん

日本でいちばん有名なウズベク人、前副首相のアジズ・アブドゥハキーモフさん。日本への留学経験があり日本語も堪能。「世界の果てまでイッテQ！」など複数のテレビ番組に出演、日本でも人気に。アジズ・アブドゥハキーモフさんからのメッセージをどうぞ！

ウズベキスタンは古来からシルクロードの文明、文化、言語、民族の交差点と言われ、沢山の歴史的な街があります。青い都のサマルカンド、イスラム教の宝石と言われているブハラ、屋外ミュージアムであるヒヴァ、仏教遺跡のスルハンダリア、歴史的な街であるコーカンド、マルギラン、シャフリサーブスなどは、日本の観光客に大変人気があります。

実は、自然豊かな国でもあり「ウズベキスタンのスイス」とも称される美しい山々、太陽の光を浴びて翡翠のように輝く湖など、まだ日本の皆さんには知られていない秘密の楽園です。

何よりも、私が心からおすすめしたいのは ウズベキスタンの人々の温かな心、豊かな文化、そして絶品のグルメです。ウズベキスタンには130以上の民族と16の宗派が存在し、何世紀にもわたり民族同士が良好な関係を築いてきました。さらに、私たちのさまざまな伝統工芸品は民族の筆跡とも言えます。無形文化財にも登録されている料理もあります。そして、何より大切なこと。ウズベキスタンは治安がとても良く、訪れる人々を温かく迎えてくれる国です。ここには、旅人を家族のようにもてなすホスピタリティが根付いています。シルクロードの風が運んできた歴史と、今も変わらぬ人々の温かさ。

ぜひ、私たちとともにこの素晴らしいウズベキスタンの魅力を体験してみてください！

皆さんのお越しを心よりお待ちしています。

・・・・・・・・・・・ **profile** ・・・・・・・・・・・

1974年6月17日生まれ、タシケント出身。タシケント国立経済大学卒業後、一橋大学大学院に留学、修士号を取得。ウズベキスタン共和国副首相兼、観光・スポーツ大臣に。その後天然資源大臣を経て、生態・環境保護・気候変動大臣、シルクロード国際観光大学学長を務める。2022年、日本で旭日大綬章を受章。

タシケントに新名所誕生！

1 タシケントにおしゃれスポットが誕生。**2** 吹き抜けがあって開放感のある造り。**3** 館内には何台もの高級車を展示している。

4 注目のスーパーマーケット「ガルマート」。**5** 紅茶の品揃えが豊富。**6** ウズベク産は水色のポップで表示されている。**7** 地元のブランドのセレクトショップ「LINE CONCEPT STORE」。**8** スザニやアドラス柄の伝統的な生地を現代風にアレンジしたものも多いのでチェックしてみて。

タシケント最大の
ショッピングモール

Tashkent City Mall
タシケントシティモール

これまで世界のブランドショップがなかったウズベキスタンに、2024年2月にオープンした中央アジア最大級の高級ショッピングモール。ザラやディーゼル、ベルシュカ、カルバン・クラインなどブランドショップ、カザフスタンの人気チェーン店やウズベク料理のレストラン、映画館など215店舗を展開。地下鉄アリシェル・ナヴォイ駅、パプタコォル駅からは徒歩3分、地下通路でつながっているのでアクセスも良好だ。中でもおすすめは、カザフスタンの大型スーパーマーケットチェーンのガルマート。広い店内には、肉・魚などのデリやお菓子、紅茶など豊富な品揃えで、お土産探しにピッタリ。

7 Botir Zakirov St. Tashkent
11:00〜23:00
Map/P26 B-2

1 マジックシティパークのシンボルの池とお城。2 おとぎの国のエントランス。3 二重内陸国であるウズベキスタンでは貴重な水族館。4 ヨーロッパの街並みをイメージ。5 とってもきれいなので散歩にピッタリ。6 トイレがフォトジェニック！ここで撮影する人も多い。7 カラフルなショップ通り。

中央アジア最大級のアミューズメントパーク

Magic City Park
マジックシティパーク

ヨーロッパの街並みをイメージしたアミューズメントテーマパークは2021年にオープン。ここは、ドイツのノイシュヴァンシュタイン城をモデルにしたお城を中心に、水族館、映画館、池、ボート、レストラン、ショップなどで構成。アミューズメントパークというと、多彩な乗り物がある遊園地的なものを思い浮かべるが、そういうことでもない。西洋のおとぎ話に出てくるようなかわいい空間の中に店や飲食店、公園などいろいろあってのんびり散策できる場所だ。夜にはライトアップされ、非日常の雰囲気に。地元のウズッ子がデートでよく訪れる場所で、地元で人気となっている。

Furkat St. Tashkent
10:00 ～ 22:00
Map/P26 B-4

> 着いたらすぐに行ける遺跡

まずはまとめて遺跡が見られる
旧市街ハスラティ・イマム広場へ

Barakhan Madrasa
バラクハン・マドラサ

ウズベキスタン最初の遺跡巡りはここからスタート。旧市街のハスラティ・イマム広場には5つのマドラサやモスクがあるのでまとめて回れる。こちらは16世紀のタシケントの王バラク・ハンによって建てられたマドラサ。マドラサとは神学校のことで、建てた人物の名前が付けられることが多い。中は15軒の土産物店になっている。

Hazrati Imam Square
Zarkaynar St. Tashkent
入場料なし　Map/P26 A-1

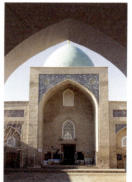

中が土産物店だとなんとなく残念に思ってしまいがちだが、ウズベク人はそうは考えない。ソビエト連邦時代に多くのマドラサが閉鎖。そのままにしておくのはもったいないと、有効活用しようという考え方だ。バザールと比べても価格に差はなく、ものによっては安い場合も。中央奥の土産物店は安くて品も良く人気。気にいったものがあれば即買いOK。

TASHKENT 遺跡

Jami Mosque
ジャーミー・モスク

16世紀に建てられたモスク。19世紀になって増設したため、中にはメッカの方向を指すミフラーブがふたつあるめずらしい造り。

入場料なし　Map/P26 A-1

Moyi Muborak
モーイ・ムーボーラック

8世紀に造られた3つのコーランがある。実物は非公開で複製を展示。イスラム教徒以外の入場も可能、マナーや礼節を守って見学しよう。

入場料なし／内部の撮影は禁止
Map/P26 A-1

Hazrati Imam Mosque
ハズラティ・イマム・モスク

入場料なし
Map/P26 A-1

16世紀に開かれたモスクで、独立後、初代大統領のイスラム・カリモフが2007年に修復。53mの高さを誇るミナレットは圧巻。金曜モスクと呼ばれ、毎週金曜日の13時には祈りの声が通りまで聞こえる。

kaffol Shoshiy
カファリ・シャーシィ廟

10世紀に活躍したイマム（神学者）のカファリ・シャーシィの廟。時を経て1541年に、タシケントの建築家がカファリ・シャーシィを偲んで建てた。奥には19世紀に活躍したイマム3名の廟がある。

入場料なし　Map/P26 A-1

33

> 巨大バザールに行ってみよう

Chorsu Bazar

チョルスー・バザール

ウズベキスタンでいちばん大きいオールドバザールへ

タシケントでやってみたいことのひとつに、このバザールの散策がある。ゆっくり見たら1日では終わらないほど広大な敷地で、バザールのシンボルは直径350mの屋根を持つ巨大ドーム。この中は食料品のバザールで、1階は肉、乳製品、香辛料や米など、2階はドライフルーツがずらり。ドームの周りには、野菜やチーズを扱う屋根付きのバザール、食堂街や衣料品、土産物店、ナンだけを扱うナンバザールなどがひしめき合う。生鮮食料品を眺めつつ、お土産をチェックしながら、食堂街で伝統的なウズベク料理を楽しんでみたい。

TASHKENT　ショッピング

1 ドライフルーツの量り売りは通常1kgの表示だが、頼めば少量でも可能。日本で買う値段のおよそ1/3くらいの価格で購入できる。**2** ヨーグルトを固めたドライヨーグルト。味は濃厚で酸味が強く、好みが分かれる味。赤いのは唐辛子が入った辛いドライヨーグルト。**3** ドームの外では野菜のお惣菜が山のように売られている。**4** チョルスー・バザールのシンボル、青のドーム。

Chorsu Bazar, Tashkent
早朝〜17:00頃（各店舗により異なる）
基本は月曜日が定休日だが、営業する店も多い　Map/P26 A-1

ドームの中は真ん中の柱を中心に円形に広がる

35

Chorsu Bazar

安くておいしい食堂街

Chorsu Ovkat Bazar
チョルスー・バザール 食堂街

肉が焼ける匂いがたまら〜ん

バザールに行くもうひとつのお目当てはこの食堂街

バザール散策の合間に寄りたい食堂街には20軒ほどの食堂が並び、伝統的なウズベク料理が食べられる。店頭ではシャシリクが焼かれ、山積みの料理を前にどれにするか迷う。プロフはどこでも25,000スム、シャシリクは1本10,000スム前後とリーズナブル。メニューはないので店頭で指さしオーダー。後ろにあるテーブル席に座ると、すぐに料理が提供される。ランチに寄ってみるのがおすすめ。

1 食堂街のプロフはたくさんの具材が入ったトオイオシ。**2** 賑やかで庶民的な雰囲気の食堂。**3** シャシリクの上で温められるナン。**4** 大きな鍋で作られるプロフ。**5** 山盛りの「ノリン」という和え物。細く切った小麦の麺と肉を和えた不思議な食感。**6** 安くておいしいシャシリク。**7** お昼どきはどの店も混み合う。**8** 食べたいものを指さしで伝えて。

Map/P26 A-1

TASHKENT　ショッピング

伝統的な土産を買うなら
自社工房を持つ店で

Art Chorsu
アート・チョルスー

伝統的な土産が買える

チョルス・バザールの伝統的な衣服を売るチョポンバザールにある土産物店。陶器の産地フェルガナに自社工房があり、種類が豊富で値段が安い。食器の品揃えが良く、店内には大小さまざまなカップや果物皿、ティーセットなどがずらり。

1 品質の良さと価格の安さで、ショップのバイヤーも訪れる店。2 チョポンバザールを目指して歩けばすぐに見つかる。

Chapan Bazar, Chorsu Bazar, Tashkent
☎ 99890-996-8167
冬季(12〜2月)8:30〜18:00、夏季(3〜11月)8:00〜20:00　月曜休み　Map/P26 A-1

衣料品のバザールへ

オーダーメイドで
オリジナルアドラスが作れる

Chorsu Adras
チョルスー・アドラス

衣料品の「キイム・ボゾリバザール」にあるアドラスの専門店。布の街マルギランから仕入れたアドラスで、チョポンやパーカーなどふだん使いできる洋服を制作。好みのアドラスからオーダーメイドも可能で、料金は30万〜100万スム、3日ほどで仕上がる。

1 店頭には数百種類のアドラスを揃えているので、好みの柄が見つかるはず。オーダーメイドは布を選んで採寸する。2 人気のカリタアドラスチョポンは80万スム〜。

25-26 Chorsu Bazar, Tashkent　☎ 99894-673-3633
10:00〜17:00　月曜休み　Map/P26 A-1

ウズベク人が贈り物を探す高級バザール

Oloy Bazar
アライ・バザール

バザールはほかにも！

ハイアットリージェンシーホテル近くのバザール。入口に宝飾品の店が並び、金も販売。内部はきちんと区画が決められ、生鮮食料品が整然と並んでいる。贈答用の果物など高めの品もあり、ウズベク人が贈り物やお持たせを探しに行く高級バザール。

1 屋根付きのバザールで、主に野菜やフルーツ、ナッツ、ドライフルーツなどが売られている。2 入口の建物は宝飾店が軒を連ねる。

Amir Temur St. Tashkent
早朝〜17:00　月曜休み
Map/P27 D-2

1 オーケストラピットのある劇場。日程があえばぜひバレエやオペラを鑑賞してみて。2 タシケントの観光スポットとして人気が高く、建物の周りでは観光客が撮影する姿が見られる。3 細部に至るまで彫刻が施されている。

457人の日本人がわずか2年で建築した
ウズベキスタン唯一のバレエ・オペラ劇場

Alisher Navoi Opera and Ballet Theater
アリシェル・ナヴォイ・バレエ・オペラ劇場

1947年に創立、第二次世界大戦で連行された日本人捕虜によって建てられた。736席を有するホールは、現在もさまざまな興行が行われる。中央アジアでもっとも格式の高い劇場と言われ、資材には御影石や大理石をふんだんに使用。壁や柱、天井まで細かく施された彫刻は、息をのむほど美しい。多くの被害を出した1966年のタシケント大地震でもこの劇場は無傷で、避難所となり多くの人々を受け入れた。

28 Zarafshon St. Tashkent
☎ 99871-233-9081
劇場のシーズンは基本的に9〜5月
スケジュールはHPで要確認
http://gabt.uz
Map/P26 C-3

38

TASHKENT 観光

異なるデザインが楽しい
地下鉄の駅巡り

Tashkent Metoroliteni

タシケント地下鉄

タシケント観光の目玉のひとつは、地下鉄の駅巡りだ。タシケントにはウズベキスタン唯一の地下鉄が走る。チーロンゾル線、ウズベキスタン線、ユヌサバッド線の合計3ライン、全長36kmを29駅で結んでいる。駅はそれぞれデザインが異なり、美術館のような駅もあるのだ。地下鉄はどこまで乗っても、1回の乗車は一律2,000スムと激安。便利な移動アイテムとしながら、駅そのものも観光したい。

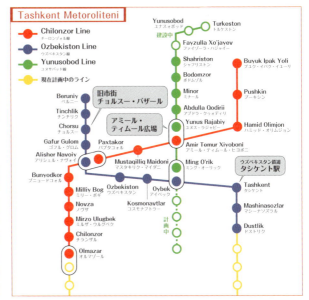

1 宮殿の柱のようなデザインの「ミング・オーリック (Ming O'rik)」駅。 **2** イスラムのモスクをイメージさせる「アリシェル・ナヴォイ (Alisher Navoiy)」駅。 **3** 乗り換えの通路にも美しい装飾が。 **4** ガガーリンなど宇宙に関連した肖像画がある「コスモナフトラー (Kosmonavtlar)」駅。

39

ウズベキスタンを知る 美術館・博物館へ

天井を彩る青のタイルと
豪華な彫刻に圧倒

Amir Timur Museum
アミール・ティムール博物館

ウズベキスタン初代大統領のイスラム・カリモフによって1996年に建てられ、ティムール一族を中心に、ウズベキスタンの偉人たちの軌跡を展示する博物館。見どころは吹き抜けの豪華なホール。天井から吊るされた大きなシャンデリアの重さは2700kg、絢爛豪華なウズベキスタンの伝統的な装飾が施されている。外観は1,000スム紙幣にも描かれ、お札と一緒に記念撮影を行うスポットとしても人気。

1 Amir Temur St. Tashkent
☎ 99871-232-0212　10:00～17:00　月曜休み
入館料25,000スム、カメラ撮影代40,000スム
Map/P27 D-3

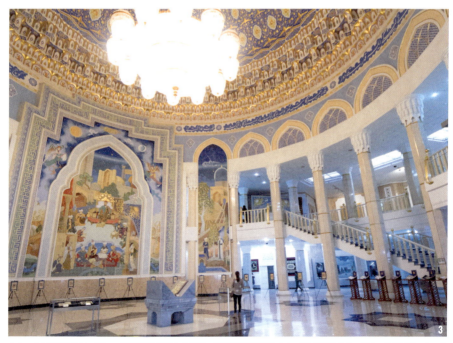

1 ホール中央にあるコーラン。**2** 紙幣にも描かれる外観。王族が被る帽子をイメージして造られた。**3** ホールにはティムールと孫たちの絵画が掲げられ、ティムール誕生から死、そして後世に引き継がれていくさまを表している。

※ウズベキスタンの施設、遺跡の共通事項として、写真やビデオ撮影をする場合は、入場料のほかに写真撮影代、ビデオ代が別途にかかる。あらかじめカッサ(窓口)で申し出るのを忘れずに。

約 4000 点の個人コレクションを公開

Applied Art Museum
ウズベキスタン工芸美術館

ロシアの政治家アレクサンダー・ポロソフ氏の家を、1937 年に工芸博物館として公開。スザニや絨毯、帽子、木工工芸などウズベキスタンの伝統的な工芸品のコレクションを展示している。中でもスザニが充実していて、年代別やさまざまな産地からのスザニをまとめて見られる。やさしい温かみのある工芸品に、ホッとした気持ちになる博物館だ。

15 Rakatboshi St. Tashkent
☎ 99871-256-4042
9:00 〜 18:00　休みなし
入館料 25,000 スム
カメラ撮影代 20,000 スム
Map/P26 C-4

1 広い中庭のある大邸宅。**2** 来客を接待する広間。壁はブハラ、天井はフェルガナの装飾。**3** センスの良い土産店を併設。品質も確かで伝統的な土産はひと通り揃う。値段も適正価格なので、ぜひ寄ってみて。

紀元前から現代までを展示する博物館

History museum
ウズベキスタン歴史博物館

1876 年に建てられ、ソビエト連邦時代はレーニン博物館と呼ばれていたが、独立後に名称を変更。2、3 階が展示室で、紀元前から 2016 年までを展示している。見どころは、フェルガナ地方で見つかった紀元前の骨や、ブハラのバラフシャ城に描かれていた本物の壁画だ。また、かつて仏教徒が多かった時代の仏像もあってとても面白い。

3 Buyuk Turon St. Tashkent
☎ 99871-239-1083
9:00 〜 18:00　月曜休み
入館料 50,000 スム
カメラ撮影代 50,000 スム
Map/P26 C-3

1 ヒヴァの高貴な女性の衣装。**2** ブハラのバラフシャ城の壁画。**3** フェルガナ地方で見つかった紀元前の骨は 7 〜 8 歳の男の子で、皿など日常品も一緒に埋葬されていた。

現役の神学校で
観光客も体験できること

Kukeldash Madrasa
クカルダシュ・マドラサ

現在ウズベキスタンでも数少なくなった現役の神学校で、1560年に建てられた。中庭に40のフジュラ（小部屋）があり、さまざまな技術や祈りの勉強が行われている。神学校の授業が優先だが空きがあれば観光客にも、木工の彫刻やカリグラフなどの技術を教えてくれるので、ぜひ体験してみたい。体験の料金は特にないが、教えてもらったお礼としてチップをお忘れなく。

Beruni Ave. Relief Rd,Tashkent
8:00〜17:00
入場料 10,000 スム
Map/P26 A-2

1 チョルスー・バザールの南側に位置する。**2** アラビア文字の書道のようなカリグラフ。**3** 中庭からフジュラに入る。**4** カリグラフに使われる竹の筆とインク。

年間40万人が来場する
人気サーカス

Uzbekistan National circus
ウズベキスタン国立サーカス

1975年に造られた国立のサーカス劇場。青い屋根が印象的で、建物にはパンジャラという窓や彫刻など伝統的な装飾を施されている。地元では子供の頃に必ず行く親しみのある場所だ。サーカスは空中演舞やピエロ、動物などの構成で1時間半くらいの演目が楽しめる。驚くのは料金の安さで、席や演目によって違いはあるけれど、20,000スムから。チケットはカッサという窓口のみで販売。

1 旧市街エリアに位置する。**2** 会場の入口に施されたきれいな彫刻。**3** 通常興行のサーカスのほかに、ロシアなどからのショーも開催。

1Khadra, Tashkent
☎ 99899-476-1915
Map/P26 A-2

ウズが造った日本庭園でのんびりランチ

日本庭園で
お弁当を食べよう

庭園には大きな池があり、池沿いには東屋（あずまや）がいくつもあるので、お弁当をテイクアウトしてランチを楽しむのがおすすめ。

Japanese Garden
日本庭園

地下鉄の Bodomzor（ボドムゾル）駅から徒歩5分にある日本庭園。園内は緑豊かで池もある。日本庭園というだけあって、鳥居や枯山水風のタイル、岩の滝などが造られているが、日本人からするとちょっと違うなという雰囲気もあって、非常に面白い。

107 Amir Temur St. Tashkent
☎ 998-71-235-02-50　入場料　30,000 スム
10:00 〜 22:00　Map/27 D-1

International Business Center,
107 Amir Temur St. Tashkent
9:00 〜 19:00　土日休み
Map/27 D-1

Tasty Pastry
テイスティ ペストリー

カフェでテイクアウト

Bodomzor 駅周辺は、巨大なビジネスセンターで世界銀行や JICA が入るビルが林立する。その中で評判の良いカフェがある。Tasty Pastry では、自家製の焼きたてパンやハンバーガー、お弁当、コーヒーなどを販売。庭園には売店がないので、ここに寄ってから行こう。

TASHKENT　レストラン

単なるレストランではない
もはやタシケントの
ナンバー1観光スポット！

BESH QOZON
ベシュ・コゾン

タシケントのみならず、ウズベキスタンでも人気ナンバーワンのプロフセンター。以前は「中央アジアプロフセンター」という名前だったが、2020年の店内リニューアルを機に改名。元々大きな店だったがリニューアル後には、600席から1200席に増えてますますパワーアップ。ここの目玉は何と言ってもプロフのコゾン（鍋）の大きさだ。プロフはコゾンが大きいほどおいしいと言われるが、ここのコゾンは本当に巨大。ちょっとした旅館の風呂くらいはありそうだ。この風呂コゾンひとつで500kg、約1000人分のプロフが作られ、昼を過ぎると売り切れるというから驚き。調理場は半屋外にあり、風呂コゾン以外にもたくさんのコゾンやタンドルがあり、観光客も自由に活気ある調理の様子を見ることができる。

1 このコゾンのプロフを味わいたいなら出来上がり時間の11時を目指して。**2** 広い調理場は自由に入れる。**3** 全てのコゾンは薪を使用。**4** コゾンは全部で約20、次々とプロフが作られていく。**5** 室内の客席。**6** 天気の良い日は屋外で。**7** 看板で写真撮影する人も。**8** プロフは4種類。いちばん人気はトオイオシで38,000スム。

1 Iftihor St. Tashkent　☎ 998-71-200-94-44
9:00 ～ 23:00　休みなし　カード不可　禁煙
サービス料10%　Map/P27 D-1

45

初日に訪れたい古民家レストラン

Caravan
カラバン

多くの高級レストランが軒を連ねるアブドラカッフォル通り。ここはその中でも人気のレストランで、高級官僚や著名人も訪れる高級店だ。やさしい灯りの入口から中庭を通ってメインダイニングへ。料理はウズベキスタンとヨーロッパを融合させた創作料理と、ウズベキスタンの全ての地域の料理が味わえる。しかし何と言っても特筆すべきは、雰囲気の良さ。落ち着いた店内は高級なイメージを保ちつつもどこか親しみやすい。そしてさすがは高級店だけあって、サービスも味も申し分ない素晴らしさ。初日に行って旅のテンションを上げたい、とっておきのお店だ。

22-A.Kakhara St. Tashkent
☎ 99871-150-7555 12:00～24:00 休みなし
カード VISA、MASTER サービス料 20%
英語メニューあり 分煙 Map/P26 C-4

1 素敵すぎるメインダイニング。**2** 本日のメイン料理はジズ（12万1千スム）。**3** 小麦の幅広麺に馬肉をのせたメイン料理のベシマルマック（12万9千スム）。**4** ライトアップされた中庭。**5** 民芸調のエントランス。

46

TASHKENT レストラン

賑やかで楽しいウズベク料理店

Sim Sim
シムシム

店名のシムシムはアラビア語で「ゴマ」を意味し、「開けゴマ」の呪文にも使われる言葉。店内はアラビアンナイトの物語そのままをイメージさせる造り。サマルカンドの人気レストランのKARIM BEKと同系列のレストランで、伝統的なウズベク料理やトルコ、ロシア料理を提供。3階建ての大きな店内は、テーブル席、個室、ダンスホールと多彩。賑やかで開放的な雰囲気の中、手頃な価格でさまざまな料理を楽しめる。

1 吹き抜けのある開放的な店内。**2** ステンドグラスなどで明るい雰囲気の外観。**3** 本日のメイン料理は、羊のカザンケバブ (99,500スム)。

15-uy Mukimi St. Tashkent
☎ 998-71-253-54-34　9:00 ～ 24:00　休みなし
サービス料15%　英語メニューあり
禁煙　Map/26 A-4

地元で人気のカジュアルレストラン

Shohona
ショホーナ

2017年のオープン以来、手頃な価格とおいしさ、素早い提供スピードからたちまち人気になった伝統的なウズベク料理店。サラダの種類も多く、ひとつ20,000スムからと安いので、いくつかオーダーしたい。名物は牛肉と玉ねぎを炒めたものを小麦粉で包んで揚げたスナックのコウヴルマ・チュチュヴァ。胡椒が効いたスナックで、テイクアウトする人が多い。近くにあったら毎日通いたい優良店。

1 店内は高級店さながらの雰囲気。**2** 名物のコウヴルマ・チュチュヴァ。**3** コース料理のようにオーダーしてもひとり10万スム以内と手頃。

1 Mirzo Ulugbek Ave. Tashkent　☎ 99894-600-0600
8:00 ～ 10:00 朝食メニュー、10:00 ～ 23:00　休みなし
カード不可　禁煙　英語メニューあり
サービス料10%　Map/P27 F-3

大衆食堂で満腹！

1 大きなコゾンで煮込まれる名物の「ハリム」。**2** 大きなシャシリクは1本22,000スム〜。**3** 店内にはその場で作るサラダのコーナーがある。**4** 旧市街エリアに佇む。**5** 熱々のショルパは肉・野菜入りと、肉の塩味のふたつ。**6** 室内のテーブル席。

TASHKENT　レストラン

伝統的なウズベク料理をリーズナブルに
地元で大人気の大衆食堂

Xadra Milliy Taomlar
ハドラ・ミリー・タオムラー

多彩なメニューと手頃な価格で、地元から熱い支持を受ける人気店。店頭では、シャシリクやコザショルバなどが売られ、活気のある雰囲気がたまらない。広い店内は、屋外の調理場、路面席、テラス席、室内、半個室で構成。何を食べても手頃な価格でおいしいが、名物は「ハリム」という料理。羊の腸やレバーと米を炒めながら約8時間かけて作る、手間ひまのかかったもの。日本のお粥に近い食感で、結婚式にも出される高級料理だ。ホルモン系の塩味なので、好みは分かれそう。おすすめは、店頭でグツグツと煮込まれるスープのコザショルバ。およそ3時間煮込まれ羊肉が溶けるようにやわらかいので、ぜひ食べてみて。

7 中央にあるのが名物「ハリム」（55,000スム）。**8** ハシプという羊のレバーと腸の煮物（54,000スム）。**9** シャシリクはミンチ、羊、ロール（ミンチ肉に腸をまいたもの）の3種類。

86FV+VXR Tashkent
☎ 998-99-999-99-49
11:00～21:00　休みなし
現金のみ　QRコード読み込みで写真付き英語メニューあり
禁煙　Map/P26 A-2

1 一度に100本近くを焼き上げる焼き場。**2** 広いサイフラさんの自宅を改造。**3** 緑の文字が目印。**4** 肉厚で大きなシャシリクは1本19,200スム〜。**5** 1階はテラス、テーブル席、2階には個室も。**6** おすすめはレバー。しっとりとしてやわらかくめちゃウマ！

旧市街のシャシリクの名店

Sayfulla Shashlik
サイフラ・シャシリク

旧市街にはシャシリクの専門店が多いが、その中でも人気が高い店。店名はサイフラさんのシャシリク店という意味で、その名の通り自宅を改造して、家族経営している。屋外に設けられた焼き場ではもくもくと煙が上がり、肉の焼ける香りが食欲をそそる。メニューはなく、食べたいものを口頭で伝えるか指さしでオーダー。シャシリクは、魚、チキン、羊、牛、ミンチ、レバーの全部で6種類。オリジナルの調味料で味付けされたシャシリクはどれもやわらかくおいしい。他にもうどんのような麺のラグメン、サラダ、ナンなどもあるのでしっかりとした食事もできる。

86PC+HH8 Tashkent
☎ 998-97-433-48-48
9:00〜25:00　休みなし
カード VISA、MASTER
分煙　サービス料15%
Map/P26 A-1

人気レストラン「マナス」がリニューアル
キルギスのゲル風のおしゃれな店内へ

AL TIN
アル・テイン

地元で人気のレストランは、2017年に火事で閉店。その後リニューアルしてアル・テインとして再オープン。料理はキルギスとヨーロッパ、そしてウズベク料理で、名物はBesh Barmoq（ベーシバーラモック）。ラビオリのような平たい小麦の麺を茹でて、馬肉と玉ねぎと一緒に食べる。お酒はロシア、ドイツ、グルジアのビールとサマルカンドワインなど充実している。

1 この色彩と雰囲気がたまらない異国情緒たっぷりの店内。**2** 名物のベーシバーラモックは、75,000スム。

12A Shota Rustavezi St. Tashkent
☎ 99871-252-3811
12:00 ～ 23:00　休みなし
カード VISA、MASTER　喫煙可
サービス料 20%　Map/P26 C-4

1 メインダイニングのコンセプトはガーデン。**2** エンターテイメント色が高いが、料理はとてもおいしい。予算の目安は25万スム前後。

1か所でいろいろ楽しめる
コンセプトレストラン

Obi hayot
オビ・ハヨト

外観にはウズベキスタンの伝統的な彫刻が施され、庭の中央には急須型の噴水などもあり遊びゴコロたっぷり。入口すぐにはライブレストラン、奥には落ち着いたレストランがあって、ウズベクとアゼルバイジャン料理が楽しめる。中庭にはチャイハナが並び、ドライフルーツやチーズ、ナッツを売るおしゃれなショップも。食事だけじゃなく、イベント性のある複合レストランだ。

4 Jarkurgan St. Tashkent
☎ 99899-849-1242
12:00 ～ 24:00　休みなし
カード VISA、MASTER　喫煙可
サービス料 20%　Map/P27 E-4

まるで美術館のような高級店

Gorchitsa
グラチッサ

モノクロで統一された高級感漂うロシアとアラビアの創作料理のレストラン。ウズベキスタンの西部の都市ヌクスにある美術館をモチーフにした店内はハイセンスで、多くの著名人も訪れる。女性シェフが作る料理は、ひと皿ひと皿とても美しく食べるのがもったいないほど。繊細で伝統的な料理は、意外にもひとり20万スムくらいからとリーズナブルに味わえる。

1 ロシア料理のボルシチ。**2** 魚のミルフィーユ仕立てのサラダ。**3** 落ち着いた大人のレストラン。

61 Karaniyazova St. Tashkent
☎ 99899-814-0405
11:00〜23:00 休みなし カード不可
喫煙可 サービス料20% Map/P27 E-2

覚えておきたいウズベク語

少しでもその国の言葉を話せると、グッと距離が縮まるもの。よく使うウズベク語で話しかけてみよう

日本語	ウズベク語	発音
こんにちは	Assalomu alaykum	アッサラーム アライクム
ありがとう	Rahmat	ラフマット
おいしい	Mazali	マザリ
さようなら	Xayr	ハイル
羊肉	qo'y go'shti	コイ ゴシティ
牛肉	mol go'shti	モル ゴシティ
鶏肉	tovuq go'shti	トヴク ゴシティ
これをください	Bundan bering	ブンダン ベリング
メニューをください	Menyu bering	メニュ ベリング
いくらですか？	Necha pul?	ネチャ プル

ウズのスイーツを満喫

Sweets
スイーツ

スイーツの専門店でホッとひと息。
地元で人気のふたつのスイーツ店

Cake Lab
ケーキ・ラボ

2012年にボブラ通りに一号店をオープン。現在タシケント市内に14店舗を展開するスイーツ店。ショーケースや棚にはケーキ、パンなど400を超えるメニューの中から日替わりで50種類ほどが並ぶ。コンセプトは身体にやさしいスイーツで、商品のほとんどがオーガニック食材で作られている。

95 Amir Temur Ave. Tashkent
☎ 998-99-876-78-87
休みなし
カード VISA, MASTER
Map/P27 D-1

1 アミール・ティムール通りに面する店舗は前衛的なデザイン。 2 緑を感じるテラス席。 3 いちばん人気は3種類のチョコレートケーキ（33,000スム〜）。

1 パンの種類も豊富。 2 ケーキはひとつ17,000スムからと手頃。 3 イートインスペースも充実。

手頃な価格で人気のパン&スイーツ店

Safia
ソフィア

店内は焼きたてのお菓子の香りでいっぱい。カラフルなケーキが並ぶショーケースには毎日40種類のケーキがずらり。シュークリームは17,000スム、いちばん人気のニューヨークチーズケーキは29,000スムと手頃な価格。パンも豊富で、ピロシキ（8,500スム）など30種類が並ぶ。タシケント市内に20店舗以上あるので、近くにあったら寄ってみよう。

4A Osiyo St. Tashkent
☎ 998-781-13-40-40
8:00〜23:00 休みなし
カード VISA, MASTER
Map/P27 D-1

Hotel
ホテル

ウズベキスタンホテル事情

ウズベキスタンには世界の最高級ホテルからホステルまで、予算や用途によって選ぶことができる。ホテルの人気度は都市によって少し事情が異なるようだ。タシケントはソビエト連邦時代に造られた大型ホテルが多かったが、最近は外国資本のハイクラスのホテルもできた。中級以上のホテルなら、ホテルの中に両替所も備わっていることも多く便利だ。他にも地下鉄が近いなど、アクセスが良いホテルも人気だ。いっぽうサマルカンドでは、伝統的な装飾を施した小規模ながら素敵な宿がたくさんあって、部屋の窓から世界遺産の遺跡が見られる小さなホステルも人気が高い。ブハラやヒヴァでは、遺跡、レストラン、ホテルが1か所にまとまり、街の中に溶け込むように宿泊できるのが魅力だ。かつては他のエリアへ移動する場合、宿泊した宿に滞在登録証を発行してもらうことが必須だったが、現在は滞在登録証がなくても次の宿に宿泊できるようになった。希望があれば発行してもらえるので、心配ならフロントで希望を伝えよう。

Hostel
ホステル

ゲストハウスや民宿のような宿で安く泊まれるのが魅力。宿泊料金はドミトリーで20ドル～、1ルームは40ドル～。トイレ、シャワーは共同も多い。Wi-fiはほぼ完備。伝統的な家屋が多く、旅情が味わえる。

Reasonable
リーズナブル

ソビエト連邦時代に造られたホテルが多く、照明は少し暗め。Wi-fi完備、部屋にシャワーがある。部屋は値段相応の造りだが、1ルーム60～80ドルくらいで経済的に泊まれる。

Intermediate
中級

ウズベキスタンホテルなどの大型ホテルもこのクラスに。ソビエト連邦時代に造られ、ホテル内にレストランや両替所、ショップも入る。古い建物も多いが、ひと通りの設備は揃っているので快適に過ごせる。

Classic
クラッシック

ウズベキスタンの繊細で美しい彫刻を施した高級ホテル。タシケントではイチャンカラホテルなどの人気が高い。高級感があり、泊まっているだけでもウズベキスタンの芸術にふれることができる。1泊100ドル～。

High class
高級

外国資本の入った世界的なハイクラスホテル。部屋は広く、サービスも一流。ホテルにはレストラン、バー、プールやジムまであって快適そのもの。ハイアットリージェンシーなどがこのクラス。1泊180ドル～。

Green Park Hotel
グリーンパークホテル

都市部にありながら
緑に囲まれた快適なホテル

ふたつの主要大通りから少し入ったヤッキャサライという高級エリアに佇む。周囲は緑がいっぱいで静かに過ごせる環境が整っている。ソ連時代の1935年に建てられた学校を改修、丈夫な壁を残し全てをリフォーム。2022年にオープンした新しいホテルだ。天井は高く、開放感も抜群。広い庭の散策や近くには地元の小さなバザールもあるので、のんびりと散歩するのも楽しい。部屋は平均25㎡と、ちょうど良い広さ。調度品のセンスも良く、バス・シャワールームは大理石で高級感のある造り。天気の良い日には中庭で食事もできる。スタッフも親切で、全てにおいて満足できるホテルだ。

2 Rakat ko'chasi St. Tashkent
☎ 998-71-209-22-33
IN14:00 OUT12:00　スタンダードダブルルーム80ドル〜、スーペリア 100ドル〜　Wi-fi完備、レストラン、ビジネスセンター　カードVISA、MASTER　客室数50　全室禁煙　空港送迎あり（有料・空港発のみ）Map/P26 C-4

1 門には常駐の警備員を配置する安全なホテル。**2** 明るく清潔感のあるレストラン。**3** スーペリアダブルルーム。**4** 中庭で食事も。**5** フルーツやサラダがいっぱいの朝食。**6** 快適なスタンダードツインルーム。**7** 今後はプールもできる予定の広い中庭。

ICHAN KAL'A
イチャンカラ

ウズベク文化を感じる
クラッシックホテル

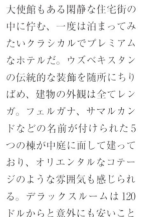

大使館もある閑静な住宅街の中に佇む、一度は泊まってみたいクラシカルでプレミアムなホテルだ。ウズベキスタンの伝統的な装飾を随所にちりばめ、建物の外観は全てレンガ。フェルガナ、サマルカンドなどの名前が付けられた5つの棟が中庭に面して建っており、オリエンタルなコテージのような雰囲気も感じられる。デラックスルームは120ドルからと意外にも安いこともあって、人気が高くなかなか予約の取れないホテル。

1 伝統的な装飾の外観。**2** 入口の大きく重厚な扉。**3** ポンジャラというデザインのレストラン。**4** デラックスルームでもこの優美さ。**5** 天蓋付きのルクス。**6** ディナー時はピアノの演奏もあるレストラン

75/'10 Yusuf Khos Khojib,Tashkent ☎ 99871-231-9898
IN14:00 OUT12:00　デラックス 120ドル〜　ジュニアスイート 180ドル〜
Wi-fi完備　レストラン　プール2　ジム　サウナ　カード VISA、MASTER
客室数 56　全室禁煙　空港送迎あり（有料）要予約　Map/P26 C-4

VINOGRAD
ビノグラード

部屋でお酒を楽しむなら
周囲の酒屋をチェック！

日本のようにスーパーでの酒類の取り扱いはないので、部屋飲みするなら酒店で。ここはタシケント市内に複数支店を持つリカーショップ。品揃えの良さは地元ではお馴染みで、国産ビールだけでも40種類以上のラインナップ。そのほか、ロシア産やアメリカ産など海外のビールや洋酒もずらりと揃う。

1 地元で人気のリカーショップ。**2** 価格表示があり購入しやすい。**3** ウズベキスタンの名産品のワイン。

10 Elbek St. Tashkent
☎ 99895-142-4111
8:00〜22:00
休みなし　Map/P27 E-4

Hotel Inspira-S Tashkent
ホテルインスピラ・エス タシケント

H.I.S. が運営する4つ星ホテル

日本の旅行代理店のH.I.S.が2022年にオープンしたホテル。旧市街の遺跡やチョルスー・バザールも近いエリアにあって立地も良好。ロビーには、ウズベキスタンで初のロボットコンシェルジュを導入するなど話題のホテルだ。客室はロイヤルスイートをはじめ、ツイン、ダブル、シングルなど全7タイプ。トルコ式風呂ハマム、フィンランド式サウナを備えたフィットネスもあるので滞在中に利用したい。また8割以上の部屋にバスタブがあるのもうれしいポイントだ。

1 広い駐車場を持つホテル。**2** 客室の廊下には、ウズベキスタン全土の観光地の写真が。**3** デラックスダブルルーム。**4** 広いレストラン。

6A, Abdulla Qodiriy St. Tashkent
☎ 998-90-033-77-55
IN14:00 OUT12:00　スタンダードダブルルーム 80ドル〜、スーペリア 100ドル〜　Wi-fi 完備、レストラン、プール、フィットネス　カード VISA、MASTER、JCB　客室数 140　全室禁煙　空港送迎あり（有料）　Map/P26 B-1

CROWN HOTEL
クラウンホテル

広い部屋をリーズナブルに

1・3 部屋は25㎡以上と広め。**2** 明るいフロント。**4** ピンク色のかわいらしい外観

空港から車で10分、閑静な高級住宅街にあり、女性ひとりでも安心のリーズナブルなホテル。ホテルのすぐ隣には両替所、歩いてすぐにレストランもあるので便利。価格を抑えながらも、清潔で広い部屋を希望するならぴったり。

42/44 Kichik Beshagach St. Tashkent
☎ 99895-198-0999
IN14:00 OUT12:00　シングル 35ドル〜、ツイン 50ドル〜　Wi-fi 完備　カード VISA　客室数 32　全室禁煙　Map/P26 C-4

Uzbekistan Hotel
ウズベキスタンホテル

地下鉄の駅から徒歩3分
アクセス良好の老舗大型ホテル

ソビエト連邦時代の1974年に開業した315室を誇る大型ホテル。アミール・ティムール広場の目の前に建ち、観光スポットも徒歩圏内。地下鉄のAmir Temur Xiyoboni（アミール・ティムール・ヒヨボニ）駅からすぐとアクセスも良好だ。スタンダードはシンプルで、日本のビジネスホテルのよう。スーペリア以上からはグッと良くなるので、こちらがおすすめ。創業から50年経った老舗のホテルだが、2024年には1階のフロントやバー、カフェと一部客室がリニューアルしてきれいに。今後も随時改装していく予定というので注目したい。

1 新しくなったロビー。**2** 1階のバーもきれいに。**3** 広いデラックスルーム。**4・5** 最上階にあるウズベク料理のレストラン。

45 Mahtumkuli St. Tashkent
☎ 99878-113-1111
IN14:00 OUT12:00
シングル100ドル〜 ツイン180ドル〜 ルクス380ドル〜 Wi-fi完備 レストラン、バー、ジム、サウナ、ショップ カード VISA、MASTER 客室数315 喫煙可
Map/P27 D-3

TASHKENT ホテル

GRAND BEK HOTEL
グランド・ベク・ホテル

中庭のある
小さなかわいいホテル

2008年にオープン、ヨーロッパとアジアを融合させたマロカンドというデザインでまとめられている。小さいながらセンスが良く、オリエンタルな雰囲気で女性人気も高い。ゲストも利用できるレストランはウズベク料理とヨーロッパ、タイ、インド料理が楽しめる。ディナー時にはピアノ演奏もある、地元で人気のレストラン。

1 各国の料理が楽しめるレストラン。**2** 中庭のかわいらしいテラス。**3** 清潔感のあるダブルルーム。**4** 館内のちょっとしたところの細工も素敵。

64-A Yusuf Hos Hojib St. Tashkent
☎ 99871-215-5888　IN14:00 OUT12:00
シングル60ドル〜、ダブル90ドル〜
Wi-fi完備、レストラン、プール　カードVISA、MASTER　客室数24　全室禁煙　空港、駅送迎あり（有料）要予約　Map/P26 B-4

キッチン付きで自分で料理
暮らすように過ごせるホステル

SUNRISE CARAVAN STAY
サンライズ・キャラバン・ステイ

ルクスは50ドル、ドミトリーなら12ドルから泊まれる。共同で使えるキッチンもあり、長く滞在する人も多い。シルクロードのキャラバンから名をとり、館内もラクダや砂漠などをイメージさせるイラストが。

1 夏場にはぶどうが実る外観。**2** ドミトリーは6人と4人部屋。**3** ルクスはふたりまでの利用。**4** テラスでは喫煙OK。

45 Mirabad St. Tashkent　☎ 99871-281-4151　IN14:00 OUT12:00
ドミトリー12ドル〜、ルクス50ドル〜　Wi-fi完備、レストラン　カードVISA、MASTER　客室数12　全室禁煙　空港、駅送迎あり（有料）要予約　Map/P26 C-4

AFROSIAB

アフラシャブ号に乗って サマルカンド、ブハラへ

郊外への列車はタシケント駅から、高速列車のアフラシャブ号、特急列車のシャルク号、夜間急行のナイトトレンが走る。中でもサマルカンドまで最速2時間で結ぶアフラシャブ号が断然人気だ。

Vip

1列車12席しかないVipシート。値段は高いが革のシートに広いテーブル、飲み物や軽食、お菓子付き。乗り心地はとにかく最高、長時間の移動がラクラクに。

Business

テーブル付きのシートと普通のシートがあり、どちらも座席ピッチは広いのでビジネスでも十分快適。食事はサンドイッチなどの袋入りの軽食。そのほかにエコノミーシートがある。

2019年1月よりブハラーヒヴァ間の特急列車が登場

駅名		タシケント	ジザフ	サマルカンド	カルシ	ナヴォイ	キタブ	ブハラ
タシケント発	金・土・日	7:00		9:08				
	毎日	7:28	8:54	9:42		10:40		11:19
		8:00		10:08	11:20		12:25	
		8:59		11:07				12:48
		18:50		20:58		21:59		22:39

駅名		ブハラ	キタブ	ナヴォイ	カルシ	サマルカンド	ジザフ	タシケント
タシケント行	毎日	4:55		5:33		6:27		8:47
		15:24				16:59		19:17
	金・土・日					16:40		18:50
	毎日	15:50		16:27		17:20	18:14	19:44
			15:43		16:38	17:52		20:10

※季節により運行時間の変更あり

日程が決まったらやっておきたいこと

アフラシャブ号は、1日4、5本の運行と本数が少ないので、現地入りしてから手配してもチケットはほぼ取れず、発売したらすぐに予約するのがベター。チケットは駅の窓口、またはウズベキスタン鉄道のHPから予約できる。

チケットの種類は？

Vip、ビジネス、エコノミーの3種類。Vip、ビジネスは座席数が少ないので早めに予約を。

料金は？

ブハラまでVip 55ドル、ビジネス45ドル、エコノミーは25ドル。（2025年4月改定）

1日何本？

季節によって異なるが1日4、5本。ブハラ行き、キタブ行きがあるがどちらもサマルカンドは停車する。

所要時間は？

タシケント─サマルカンドは2時間10分、タシケント─ブハラまでは3時間50分。

何日前から買える？

60日前から。チケットは現地駅のカッサ、またはウズベキスタン鉄道のHPで。

チケットの手配は？

定価で買うなら到着後カッサか、HPで購入するしか無い。手配料はかかるが、あらかじめ旅行会社に頼むのが安心。

日本でチケットを手配したいなら

いくつかの都市を回る計画があるなら、出発前にチケットをゲットしておくのが安心だ。以前は現地駅のカッサでしか購入できなかったが、現在はウズベキスタン鉄道のHPから予約できるようになった。ただし、英語、ロシア語、ウズベク語が対象で、ページによっては英語表記がない場合も。そんな時に便利なのが現地旅行代店の鉄道手配。もちろん手数料はかかるけれど、確実にチケットが購入できる。HPから日本語で申込みできると人気なのは、「ウズベクフレンズ」。こちらは電車手配のほかに、ウズベキスタン国内のツアーや、中央アジア各国へのツアー、車の手配なども行っているのでおすすめ。

♥ **UZBEK friends**
ウズベクフレンズ
http://www.uzbek.jp
山口県周南市銀南街1 徳山センタービル6階

ウズベキスタンのチャイハナ文化

　ウズベキスタンの文化のひとつに「チャイハナ」がある。観光客向けにこの名前の付いたレストランもあるが、本来は男性たちの集いの場。古代から続く文化で、行くのは男性のみ。10人くらいのグループで男性だけで集まり、ビールやウォッカと、カザンケバブや黒のプロフを食べながらおしゃべりする場所のことだ。バザールなどでよく見かける、着物のような衣服の「おじさん人形」のモチーフは、チャイハナにいる男性。夏場は木枠のキャラバットに座り、冬は室内の個室で楽しむ。ウズベキスタンの男性は、平均して月に3、4回チャイハナに行くという。学校の友達、仕事の仲間、親戚などいくつかのコミュニティーを持っていて、それぞれ月にいちど集まるのだ。前もって席を予約して、話は深夜まで続く。いったい何を話しているのと聞いてみると、よく話題に上るのはサッカー、政治、女性の話なのだとか。このような集まりの中で生まれるコミュニケーションは、情報の交換や人の紹介などに役立ち、絆を深めているようだ。ウズベク人にチャイハナに行きたいと言うと、「何で？ 男性が行くところだよ」と驚かれる。だけど夏場の屋外のキャラバットや、アイウォンに敷かれたアドラスなどの布や絨毯のカラフルな色合いがキュートで、とっても魅力的に見えるのだ。ウズベク人が利用する本当のチャイハナは、個人旅行では敷居が高い。大人数で前もっての予約が必要となるからだ。本当のチャイハナは難しいけれど、チャイハナ風レストランなら、サマルカンドのビビハニム・モスクの隣に、またタシケントでも夏場のレストランのテラスで、雰囲気を味わうことができる。少人数で予約なしで利用できる本格チャイハナがあれば、観光客に人気になるのになー。誰か作って。

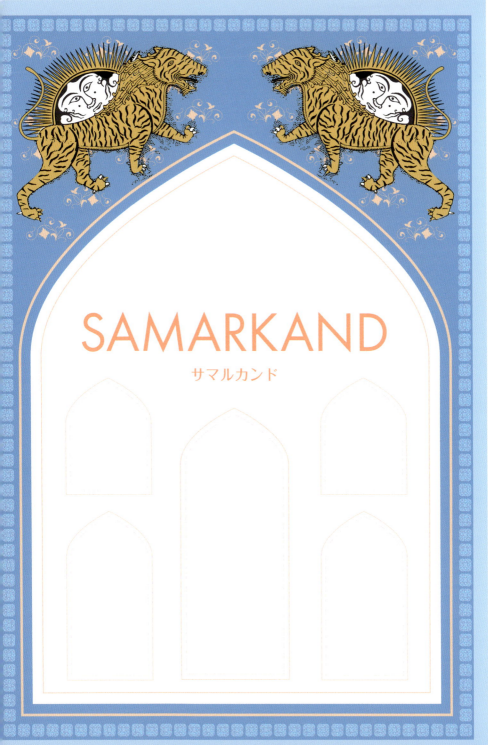

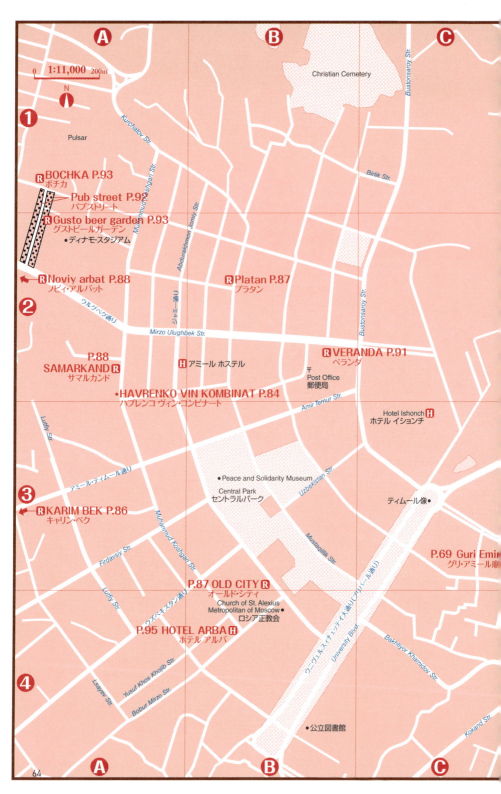

Samarkand
サマルカンド

チンギス・ハンが破壊し、そのまま荒野となったアフラシャブの丘。かつてここには街があった

イスラムの宝石、サマルカンドへ

美しい青のイスラム建築群。ウズベキスタンに行くほとんどの旅行客のお目当ては、サマルカンドの遺跡ではないだろうか。サマルカンドは建都2760年、古代からシルクロードの通り道として栄えたが、その裏には街を破壊された歴史も持つ。1220年にチンギス・ハン率いるモンゴル帝国の総攻撃を受け、壊滅的な状態になったのだ。チンギス・ハンの攻撃の理由は諸説あるが、シルクロードにおいてウズベキスタンを通るルートを潰したかったという説が有力だ。中国と西洋を

結ぶシルクロードには、主に3つのルートがあった。モンゴル高原から西へ向かう「草原の道」、キャラバンが砂漠を行く「オアシスの道」、インドを経由して船を利用した「海の道」で、さらにこの3つの道を結ぶ支流があった。このうち絹を運んだのは草原の道とオアシスの道。特にサマルカンドにはいくつもの支流があり繁栄を極めていた。モンゴル経由の草原の道を主流にしたかったチンギス・ハンは海路を除き、シルクロードはふたつもいらぬと、サマルカンドを破壊。街は長らく荒野となっていたが、それを復活させたのがアミール・ティムールだ。ティムールはおよそ30年で近隣の国を制圧、大帝国を築くと見事に街を復興させた。街を歩けば、その時代に造られた壮大で美しい建築物を見ることができる。

サマルカンドの交通

[飛行機] タシケントから毎日運行。ウズベキスタン航空で約1時間。

[列車] タシケントから特急「アフラシャブ号」で2時間10分。

[タクシー] タシケントとは違って、黄色いタクシーなのでわかりやすい。料金は旧市街の移動なら10,000スム〜。地元や観光客に人気なのが配車アプリのヤンデックス・ゴーで、料金の交渉がなくスムーズ。

[トラム] サマルカンド駅からショブ・バザール駅まで全11駅を結ぶ路面電車。現地ではトラムバイ（Tramvay）と呼ばれる。6:00〜23:00まで6分間隔で運行、料金は1,400スム。

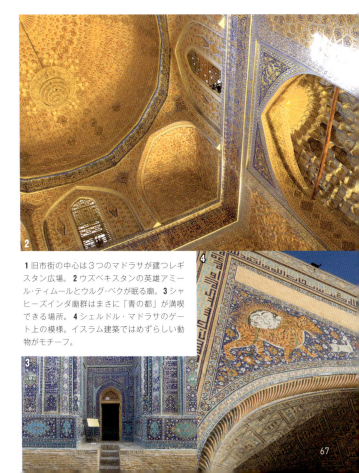

1 旧市街の中心は3つのマドラサが建つレギスタン広場。**2** ウズベキスタンの英雄アミール・ティムールとウルグ・ベクが眠る廟。**3** シャーヒズィンダ廟群はまさに「青の都」が満喫できる場所。**4** シェルドル・マドラサのゲート上の模様。イスラム建築ではめずらしい動物がモチーフ。

▶ サマルカンドで必ず見たいマストゴーな遺跡

さあ、いよいよ東方の真珠と呼ばれるサマルカンドの遺跡見学へ。ここにはたくさんの美しい遺跡があるけれど、必ず見ておきたいのはこの5つ。タクシーと徒歩を組み合わせて、頑張れば1日で効率よく回ることもできる。

Must go! 1 Guri Emir グリ・アミール廟

遺跡巡りはここから。アミール・ティムールとウルグ・ベクの墓で、廟内部は黄金に輝く。近くのルハバット廟もあわせて見られる。そのあとはレギスタン通りを東へ1kmでレギスタン広場へ。

Must go! 2 Registan Square レギスタン広場

サマルカンド観光のメインスポット。3つの大きなマドラサが建つ姿は荘厳で圧倒される。夜のライトアップも見逃せない。

エコバス

レギスタン広場とビビハニム・モスクを結ぶイスラム・カリモフ通りを走る電気バス。1回の乗車は10,000スム。

Must go! 3 Bibihanim Mosque ビビハニム・モスク

アミール・ティムールが妻のために造った巨大なモスク。ゲートの高さは39m、建設当時は国いちばんの大きさを誇った。ショブ・バザールに隣接しているので、あわせて回りたい。

Must go! 4 Shakhi Zinda シャーヒズインダ廟群

ティムール一族が眠る11の墓がある廟群。「青の都」と称される、そのままのイメージの美しい場所。イスラム建築がずらりと並ぶ小径に感動。ここまで来たら次はタクシーでアフラシャブの丘方面に移動する。

Must go! 5 Afrosiab アフラシャブの丘

シャヒーズインダ廟群を出るとすぐにアフラシャブの丘が広がる。目的地はウルグ・ベク天文台とアフラシャブ博物館。移動する車窓から見えるのは、全てアフラシャブの丘。砂漠のような荒野が続く。

アミール・ティムールと
ウルグ・ベクが眠る墓

Must go! 1 **Guri Emir**
グリ・アミール廟

この廟はとびきりに美しい。アミール・ティムールとウルグ・ベク、9人のティムール一族の墓。こちらの見どころは黄金色に輝く廟内の素晴らしさ。外光が入る造りで、壁や天井に貼られた金の装飾が、光を帯びて輝いている。黒い棺がティムールのもの、その下にはウルグ・ベク。意外なのはティムールの上にも棺があることだ。それはティムールのイスラム教の先生のもので、かねてから先生の足元に埋葬してほしいと希望していたからだ。遠征中に亡くなったティムールは、故郷シャフリサーブスへの埋葬を希望していたが、その願いは叶わなかった。

1 青のタイルが美しいドームの中にはティムール一族が眠る。**2** 廟の内部の修復には2.8kgの金が使われた。**3** 毎日18時から20時にはライトアップも。19時以降は入れないが、一見の価値あり。**4** ゲートから見るドーム。**5** かつては中庭の横にマドラサと聖職者の宿舎ハナカが建っていた

Shohruh Mirzo St. Samarkand
9:00〜19:00　入場料40,000スム、カメラ撮影代50,000スム　休みなし　Map/P64 C-3

Registan Square
レギスタン広場

ウズベキスタンを代表する名所
壮大な3つのマドラサは圧巻

旧市街の中心地に建つサマルカンド観光のメインスポットで、これを見ずして帰れない。広場には3つのマドラサがあり、その大きさとイスラム建築の素晴らしさに驚かされる。この3つのマドラサは創建された時期が、実は200年以上も違う。最初に建てられたのは、正面から向かって左側のウルグ・ベク・マドラサで1417年に建立。この優れた建物を模して建てられたのが、向かって右側のシェルドル・マドラサで、1636年に完成。

最後に中央のティラカリ・マドラサが1660年に完成して現在の姿に。3つのマドラサが揃うとレギスタン広場はサマルカンドを代表する場所となり、広場ではさまざまな行事が行われた。ここはサマルカンドに滞在する間に、何度でも行きたくなる場所だ。太陽に照らされ光り輝く昼間、夜はライトアップと違った印象を受ける。夏場の夜には建物を使ったプロジェクションマッピングも上映され、無料で観賞できる。

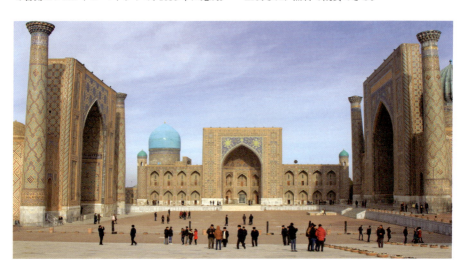

Registan square,Samarkand
9:00 ～ 19:00
広場入場料 65,000 スム
カメラ撮影代 35,000 スム
休みなし
Map/P65 D-2

毎晩18時から20時まで、3つのマドラサはライトアップされる。19時以降は中には入れないが、広場前の階段や展望スペースから見ることができる。

黄金に輝くモスクのきらめき

Tillya-Kori Madrasa
ティラカリ・マドラサ

通常マドラサには、創建した人物の名前が付けられることが多いが、このマドラサの名前は、「金に覆われている神学校」という意味を持つ。マドラサに付属するモスクは息をのむほど美しく、内装はその名の通り金に覆われている。通常のモスクをふたつ造れるほどの量を使っているということから、この名が付けられた。建築は1646年から14年かけて行われ、当時ビビハニム・モスクが荒廃していたことから、サマルカンドのモスクはこちらが主流となった。

Map/P65 D-2

1 モスクの天井部分。周りに施された彫刻も素晴らしい。**2** ゲートの壁面は植物をモチーフにしている。**3** 3つの中でいちばん小さなマドラサ。

黄金のモスク内部。入って正面にメッカの方角を示すミフラーブがある（写真左手）。

Must go!
2 Registan　レギスタン広場

Ulugh Bek Madrasa
ウルグ・ベク・マドラサ

1 大きさと美しさに感動。**2** 建物は中庭を囲むようにコの字に建てられている。**3** 24のフジュラと呼ばれる部屋があり、1階は教室、2階は宿舎があった。**4** 中にはベンチもあり休憩できる。

ウルグ・ベクのマドラサの中で最大の大きさを誇る

ウルグ・ベクが建てた現在残る3つのマドラサの中で最大の規模を誇る。建設期間はわずか3年というから、当時のティムール朝の力の大きさがうかがえる。ウルグ・ベクらしく、壁面の模様は青い星をデザイン。当時ここでは48人の学生が勉強していた。この威風堂々たる中にたった48人だけかと驚くばかりだが、ここで学んでいたのは今でいうスーパーエリートたち。イスラム教のほかに数学や歴史、さらにウルグ・ベク自身が教鞭を執り、哲学や天文学を教えていた。

ウルグ・ベク・マドラサでできること

レギスタン広場のマドラサの中で、観光客がいろいろと楽しめるのがウルグ・ベク・マドラサだ。緑が多く美しい中庭にはベンチを設置。博物館や土産物店、カフェなどもあって、のんびりと遺跡巡りができる。北側のミナレットに登ることもできるので、挑戦してみよう。

博物館で歴史を知る

館内にはウルグ・ベクの功績を称えた博物館があり、世界的な天文学者だった軌跡を展示する。当時の煌びやかな装飾品や、人形などを用いて解説しているので言葉がわからなくても十分楽しめる。

中庭を眺めながらコーヒータイム

中庭にある土産物店から2階へ。回廊を進むと「レギスタンコーヒーショップ」がある。良心的な価格でコーヒー（10,000スム）、ラテ（20,000スム）などを提供。世界遺産を眺めながらのティータイムは最高だ。

刺繍体験と民族衣装をレンタル

マドラサを正面に見て左側の小さな入口を入ると、人気の土産物店がある。スザニやアドラスなど伝統的な土産がずらり。無料でスザニの刺繍体験や、有料で伝統衣装の貸し出しも行っているので試してみて。

② Registan レギスタン広場

当時物議を醸したこの模様は、現在はサマルカンドの象徴に。

Sherdor Madrasa
シェルドル・マドラサ

ウズベキスタンで
いちばん有名な壁画を持つマドラサ

創建は1619年、当時の支配者ヤランクシュによって17年かけて完成された。国内でもっとも美しいと評判だった、ウルグ・ベク・マドラサを模して造った。自分の権力を誇示するため、ゲートを少し高く設計した。レギスタン広場正面から左右の建物を見てみるとやはりよく似ている。注目は、ゲートのアーチに描かれた動物の模様。

イスラム教では、人物や動物などを描くことは偶像崇拝に当たるとして、禁止されている。描かれているのは、鹿を追いかける虎。教義に反しても伝えたかったことは、「虎は学生、鹿は知識を表し、学生は永遠に知識を追いかけよう」ということだった。特徴的なこの壁画は、後にウズベキスタンの遺跡を代表する絵柄となる。

1 両サイドにある美しいミナレット。**2** 200スム札にも描かれている動物の壁画。

74

Islom kalimov Str
イスラム・カリモフ通りでお買いもの

レギスタン広場からビビハニム・モスクを結ぶ約500mの通りは、土産物店やカフェが並ぶ。エコバスもあるけど、ゆっくり歩いてみるのも楽しい。

Gulzara
グルザーラ

伝統的な衣服の品揃えが良いショップ。伝統的衣装のチョポンから、帽子のドッピやスザニの刺繍帽子までトータルに揃う。他にもストールや装飾品など衣服のアイテムが充実。丁寧な製法に定評があり、スカーフは15ドル〜、ティアラは12ドル〜と手頃な価格で購入できる。

1 アドラス柄のティーセット。**2** 帽子の品揃えが良い。**3** カラフルなストール。**4** 色彩豊かな民族衣装。

21 Islom Karimov St. Samarkand
☎ 99890-503-9592 9:00〜18:00
休みなし Map/P65 E-2

SOVG'ALAR
ソヴァガラル

イスラム・カリモフ通りで観光客に人気の土産物店。店頭には伝統衣装や色彩豊かな陶器が並び賑やか。ウズベキスタン各地のポストカードにマグネット、地名入りの布バッグ、写真と地名入りの皿など、ザ・土産物店というべきラインナップ。入りやすくて品揃えも良いので、気軽にのぞいてみて。

1 観光スポットの写真入りの皿。**2** 入りやすい雰囲気で観光客でいっぱい。**3** 布バッグの種類も豊富。**4** フェルガナ地方の陶器も販売。

Islom Karimov St. Samarkand
☎ 99890-212-7227 8:00〜21:00
休みなし Map/P65 E-2

Must go! 3 Bibihanim Mosque
ビビハニム・モスク

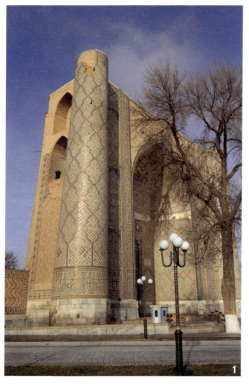

ゲートは39m、ドームは44mの高さを誇る巨大モスク

アミール・ティムールが王妃のために建てたモスクで、1398年に建設を始め、わずか5年で完成させた。インド遠征から帰国したティムールは、周辺各国よりも大きなモスクの建築を目指し、600人の石工と職人、インドから連れ帰った93頭の象を使い建築を急いだ。当時中央アジアで最大の大きさを誇り、1万人を収容するモスクだったが、完成のわずか1年後から崩壊が始まる。短い工期だったことに加え、あまりにも高すぎたドームの設計に無理があったからだ。これにより次第に荒廃が進み、度重なる地震でついには崩壊してしまう。現在はユネスコの協力のもと修復が進められ、崩れてしまったモスクは2017年に修復が完了した。新しいモスクに生まれ変わった。

Islom Karimov St.
Samarkand
☎ 99890-224-9282
9:00 〜 17:00
入場料 40,000 スム
カメラ撮影代 40,000 スム
休みなし　Map/P65 E-1

1 建立当時は中央アジア最大のモスクだった。**2** 現在修復中の建物。**3** 中庭に置かれた巨大コーラン台。**4** 修復されたモスク。

ひっそりと佇むビビハニムの墓

ビビハニム・モスクの通りを挟んだ正面にある小さな建物は、ビビハニムの墓。圧倒的な大きさを誇ったビビハニム・モスクに比べるとかなり小さく感じる。現在修復中で中に入ることはできない。

76

SAMARKAND 遺跡

シャヒーズィンダ廟群の全景。青いドームの建物はウルグ・ベクによって建てられたモスク。

Must go! 4
Shakhi Zinda
シャヒーズィンダ廟群

階段を上がった先に青の廟が広がる。

青のイスラム建築の中の小径を歩く

イスラムの宝石、青の都など、サマルカンドを形容する言葉はたくさんあるが、それは全てこの場所のことなのではと思う。ここはティムール一族の女性を中心にした11名が眠る墓。ひとつひとつの廟は小さいが、両側に立ち並ぶイスラム建築は素晴らしく、墓場ではあるがずっとこの場所にいたいと思わせる。廟は手前がいちばん新しく、奥に進むほど古くなる。青色の建物は、よく見ると多彩な青色で構成されている。ウズベキスタンの伝統的な建物は淡い水色、イランの建築家が造ったものは濃い青色だ。これはイランのもの、こっちはウズベクかなと想像しながら歩くのも楽しい。その美しさから中央アジアの聖地と呼ばれ、各国から巡礼に訪れる場所だ。

Shakhi Zinda St. Samarkand ☎ 99866-233-5382
9:00 〜 19:00　休みなし　入場料 40,000 スム
Map/P65 F-1

Must go!
④ Shakhi Zinda シャヒーズィンダ廟群

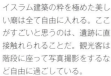

イスラム建築の粋を極めた美しい廟は全て自由に入れる。ここがすごいと思うのは、遺跡に直接触れられることだ。観光客は階段に座って写真撮影をするなど自由に過ごしている。

シャヒーズインダ廟唯一の土産物店

クサム・イブン・アッバーズ廟近くにある土産物屋。シャヒーズインダをモチーフにしたタイルや陶器などを販売。全てオリジナル商品でここでしか購入できない。

9:00〜19:00　休みなし

Must go!
④ Shakhi Zinda シャヒーズィンダ廟群

SAMARKAND 遺跡

Kusam ibn Abbas
クサム・イブン・アッバーズ廟

1 きれいな装飾が施されたモスクでは、観光客もお祈りに参加できる。**2** くるみの木から作られた素晴らしい彫刻の扉は、1405年製作のもの。**3** イスラム教の伝説の聖職者が眠る廟。**4** メッカに向かって祈る。

イスラム教の伝説の聖職者が眠る廟

シャヒーズィンダとは生きている王様という意味。廟に眠る聖職者クサム・イブン・アッバーズは、7世紀にサマルカンドを訪れイスラム教布教に努めていたが、異教徒により斬首。この時自分の首を拾い井戸で洗って消えたことから、その後も生きているとの伝説に。当時はゾロアスター教が主流だったが、7世紀以降イスラム教の信仰が開始。アッバーズがイスラム教の開祖ムハンマドのいとこだったため、時を経てティムールによってこの地に廟が造られた。その後ティムール一族の女性が亡くなるとこの場所に廟が立てられるようになった。いちばん奥にあるクサム・イブン・アッバーズの廟は現役のモスクで、毎日多くの信者が祈りを捧げる。時間になるとお祈りを告げるアザンが流れ、観光客も参加できる。

シルクロードの面影が残る
オールドバザール

Siyob bazar
ショブ・バザール

ビビハニム・モスクの隣にあるゲートをくぐれば、活気あふれるバザールが広がる。

次から次へと品物が運ばれる午前中の様子。

ビビハニム・モスクに隣接するオールドバザール。15世紀にはすでに現在と同じ形態になっていたと言われ、当時の面影が感じられる場所だ。広い敷地には、野菜や肉、魚、ドライフルーツ、ナンなどの生鮮食料品を中心に、土産物店も軒を連ねる。屋根付きのバザールには乾物や米、カラフルなスパイスなどがところ狭しと並ぶ。買い物をしなくても、活気あるバザールを歩いているだけでもとっても楽しい。全ての店で味見ができるので、気になるものがあれば試食してみよう。おすすめはドライフルーツ。ぶどうだけでも3、4種類と豊富で、しかもとっても安い。ここにいるだけで元気になれそうなバザールだ。

Siyob bazar,
Samarkand
5:00 〜 19:00
月曜休み
Map/P65 E-1

SAMARKAND ショッピング

1 馬肉を中心に種類豊富なソーセージを売る店。**2** 少量から購入できるナッツの店。**3** 屋根付きのバザール。**4** 鮮度の高いサラダや漬物を売る店。**5** 全て試食できるので、気軽に試してみよう。**6** カラフルなスパイス。**7** 塩とヨーグルトを丸めたクルト。好みが分かれる味だが私はちょっと苦手だ。

伝統的なウズベキ土産が揃う、土産物店通り

ゲートを入った右側には、20軒ほどの土産物店が並ぶ通りがある。陶器やスザニ、アドラス製品、伝統的な衣服、ヒヴァのふさふさ帽子のチョギルマなど、土産物がまとめてチェックできるので便利。価格は他のエリアより若干安く購入できる。

一列に並ぶ土産物店。値段の交渉を楽しみながら、買い物をしよう。

Must go! 5

Afrosiab
アフラシャブの丘

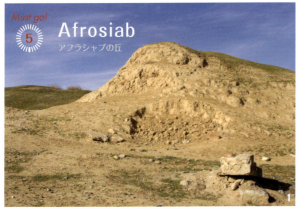

Afrosiab Museum
アフラシャブ博物館

7世紀の「アフレスコの壁画」と砂漠の丘へ

1 博物館裏手のアフラシャブの丘。 **2** アフラシャブ博物館の外観。 **3** 博物館の目玉は、715年に制作されたアフラシャブ宮殿の「アフレスコの壁画」。 **4** この扉からアフラシャブの丘へ。

荒廃した砂漠のアフラシャブの丘。紀元前からチンギス・ハンに破壊される13世紀初頭までは、人々はこの丘で生活していて宮殿もあった。博物館では1968年の発掘調査で見つかった、アフラシャブ宮殿の貿易の様子を描いた壁画の現物を展示する。博物館の裏の鉄の扉を開けるとアフラシャブの丘が広がり、歩いて発掘現場まで散策できる。この扉は17時に施錠されるので、それまでに戻ろう。

Tashkent Rd. Samarkand
☎ 99866-235-5336
8:30〜18:00　休みなし
入場料 40,000スム
カメラ撮影代 30,000スム
Map/P65 F-1

Ulugh Bek Observatory
ウルグ・ベク 天文台

600年前に計測した時刻の誤差は58秒

科学者や天文学者として多くの偉業を残したウルグ・ベク。1428年に天文台を完成、六分儀で星を観察、暦を作った。当時天文学はイスラムの教えに反すると考えられており、天文台もウルグ・ベクが亡くなると破壊され、長らくその場所は不明に。その後1908年にロシアの考古学者が六分儀を発見。現在との誤差は58秒で、世界中を驚かせた。

1 ロシアの考古学者ビア・ティキンによって発見された場所に天文台を建設。 **2** 資料館にはウルグ・ベクの軌跡が展示されている。 **3** 高さ、弧の長さともに40mもある巨大な六分儀。 **4** 六分儀の模型。

Tashkent Rd. Samarkand　☎ 988-936-80-40-21
8:30〜19:00　休みなし　入場料 50,000スム
カメラ撮影代 40,000スム　Map/P65 F-1

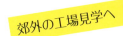
SAMARKAND 観光

Konigil Meros
コーニギル・メロス

郊外の工場見学へ

伝統のサマルカンドペーパーが復活

レギスタン広場からタクシーで約15分、紙の工場見学へ。紙すきの技術は8世紀の唐の捕虜が教えたもので、それ以降この手法が続けられていたが、1917年のロシア革命によって、ロシア式の白い紙に変更。完全に消えてしまった技術を、もういちど復活させようと1998年に工房を設立した。ここでは紙すきの全ての工程を見ることができるほか、ショップでは素朴でかわいい紙工芸品も買える。

1 サマルカンドペーパーは少し高め。A3サイズで1枚3ドル。**2・3** ショップでは紙工芸品が売られる。たまごの置物2ドル、しおり2ドル。**4** 原料のくるみの木を剥ぐ作業。

Konigil Villege, Samarkand
☎ 99866-231-4210　8:00〜17:00　休みなし
見学料 10,000スム　Map/P65 F-1

Samarkand Bukhara Silk Carpets
サマルカンド・ブハラ・シルク・カーペット

ウズベキスタンの伝統工芸品
高級手織り絨毯の工房

染色から機織りまで全ての工程を一括に行う絨毯工場で、無料で見学できる。糸は手染めで、くるみや玉ねぎ、ザクロなどの自然の材料で作っているため、どことなく色合いがやさしい。工場には450人の女性たちが働き、カラフルな糸で丁寧に織っていく。ショップも併設されているので、気に入ったら購入してみよう。

手頃なミニサイズ

1 大きな機織り機のある工場。**2** 染色の材料と染色前の糸。**3** 小さなマットは20ドル〜。**4** カラフルな糸を操りながら手織りしていく。

12A Hujom St. Samarkand
☎ 99866-235-2273
8:00〜16:00
土・日曜休み　見学料なし
Map/P65 F-1

HAVRENKO VIN KOMBINAT
ハブレンコ ヴィン・コンビナート

50年の時を経てあらわれた
隠しワイン倉庫の中で

58 Muhanmud Koshgari St. Samarkand
☎ 99897-914-9411　9:00～19:00
ワイン試飲 15ドル～、プレミアムツアー
40ドル～　休みなし　Map/P64 A-2

サマルカンドの人気のワイン工場では、試飲付きの工場見学ができる。「10種類の試飲プラン」と、もうひとつ「プレミアムプラン」がある。これは貯蔵庫での試飲ツアーなのだが、その場所には激動の歴史に翻弄された、まるで物語のような逸話があるのだ。話は創業時に遡る。1868年に設立、創業者フィラトフ氏は本場に負けない国産ワインを作ろうとフランスへ。ワインとコニャックの技術を取得し、20種類のぶどうの種と機械、そしてワインを持ち帰り自身のコレクションに加えた。その後も何度も渡仏、品質の向上を目指した。フィラトフ氏のワインは安定した人気を得ていたが、1917年に起こったロシア革命は、この小さなワイン工場にも衝撃を与えた。せっかく集めたコレクションを没収されることを恐れたフィラトフ氏は、貯蔵庫の奥にもうひとつ小部屋を作りワインを収納すると、壁を全て埋めた。
時を経て50年後に行われた工場のリフォームで、その時の小部屋を発見。開けてみると中にはフランスワインを中心に、当時のコレクションが大量に見つかったのだ。その数は実に3700本、貴重な文化財として、国の遺跡に指定された。そんな逸話を持つ倉庫の中で試飲ができるツアーだという。これはぜひ行かなくては

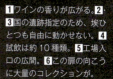

SAMARKAND 観光

[1]ワインの香りが広がる。[2]・[3]国の遺跡指定のため、埃ひとつも自由に動かせない。[4]試飲は約10種類。[5]工場入口の広間。[6]この扉の向こうに大量のコレクションが。

ワイン樽のいちばん奥にある部屋には、現在も3000本以上のコレクションが貯蔵される。

ヴィンテージワインを購入
Fila Toff
フィラトフ

レギスタン広場近くに佇むフィラトフは、ハブレンコ ヴィン・コンビナートとオフィシャルパートナーシップを結ぶ酒屋。ここではワイン工場のヴィンテージワインが購入できる。1968年の貴重なワインは証明書付きで、価格は18,740,000スムと見たことのない桁数だ。ワイン工場ではこの年代のワインは販売していないので、思い切って購入するならここで。

[1]スペインやフランス産のワインも揃う。[2]おしゃれな店内。[3]鑑定書付きのワイン。

Registan St. Samarkand
☎ 998-91-702-02-20　8:00～25:00　Map/P65 D-3

85

おいしいサマルカンド

Restaurant
レストラン

1

2

3

4

5

6

フルで食べてもひとりの目安は
約10ドル。安くておいしい人気店

KARIM BEK
キャリン・ベク

タシケント、ブハラにもあるベックグループの人気店。ボリューム満点、手頃な価格でおいしいと店はいつでも大賑わい。2階建ての店内は吹き抜けのある開放的な雰囲気で、400席の大型店。ウズベク料理を中心として、ロシアなどの料理が楽しめる。名物はシャシリクなどの肉料理で、メインは40,000スムからとリーズナブル。ここでのおすすめは、ボルシチ。唐辛子を効かせたピリリとした辛さと、濃厚なスープがたまらないおいしさ。夜は音楽の生演奏もあり賑やかで楽しい。

1 写真は3人前の料理。これだけ頼んでも合計25万スムくらいと安い。**2** アミール・ティムール通りに面する。**3** 吹き抜けのある明るい店内。**4** 2023年にリニューアルしたテーブル席。**5** ダンススペースもある賑やかな席。**6** ラムのリブは78,000スム。

194 Gargarina St. Samarkand
☎ 99866-221-2756　9:00〜23:00　休みなし
サービス料15%　英語メニューあり　禁煙
Map/P64 A-3

SAMARKAND レストラン

夏場は予約が取れない人気店

OLD CITY
オールド・シティ

全体をアイボリーでまとめた内装がおしゃれで、奥には暖炉もあり落ち着いて食事が楽しめる店。地元はもちろん観光客にも大人気で、ウズベク料理のほかに、ベジタリアン料理も。名物料理は肉のホイル焼きで、牛と羊からチョイス。驚くほどやわらかい肉に感動。あまりのおいしさにレシピを聞くと、調味料は塩だけ、羊肉が持つ本来の旨さなのだとか。これは旨い！

1・3 やさしい色合いの店内。**2** ラグメンやドルマなどウズベク料理やトルコ料理が味わえる。

100 A.Zomiy St. Samarkand　☎ 99866-233-8020　10:00〜23:00　休みなし　カード VISA　サービス料 20%　英語メニューあり　禁煙　Map/P64 B-3

サマルカンドの老舗の名店

Platan
プラタン

人気旅行サイトのサマルカンドのレストラン部門で4年連続1位に輝き、観光客からの高い評価を受ける。建物は築100年以上の古いもので国が管理。ディナー時はピアノやサックスの生演奏もあり、雰囲気も抜群。名物は、牛、羊、鶏のグリル料理だ。おすすめはひな鳥のグリルのティラトブクで、生後12日のひな鳥だけを使った贅沢なもの。やわらかさに感動、思わず目をつぶって旨みを嚙みしめてしまう。1kg20万スムと少し高めだが、ぜひ味わってほしい。

1 フロアはふたつで、ゆっくりくつろげるソファー席とテーブル席。**2** ディナー時には生演奏も。**3** こちらがひな鳥のグリルのティラトブク

2 Pushkin St. Samarkand　☎ 99866-233-8049
8:00〜10:00（朝食メニュー）、11:00〜23:00　休みなし　カード VISA、MASTER　サービス料 15%　英語メニューあり　喫煙可　Map/P64 B-2

87

サマルカンドで
いちばん大きいレストラン

SAMARKAND
サマルカンド

2階建ての一軒家レストランで、1階はウズベク料理のライブレストランスペース。2階はロシアの民家風の素敵な内装の中、ウズベク料理に加え本格的なロシア料理が楽しめる。他にも夏場は噴水のあるテラス席を開放。1階、2階と合わせて座席数500を誇る大型レストランだ。名物料理は羊肉のシャシリクをトルコ風の薄いナンで巻いて食べる、クイゴシティ・ラバシィナン。レストランの名前が付いたチキン＆チーズの揚げ物も人気。

54 Muhanmud Koshgari St. Samarkand
☎ 99866-233-3591
12:00～23:00　休みなし
サービス料15%　英語メニューあり　禁煙
Map/P64 A-2

1 サラダにナン、肉料理2品、スープと頼んでも15万スムくらい。**2** 名物のクイゴシティ・ラバシィナン。**3** 2階のテーブル席。**4** 1階のライブスペース。夜は生バンドの演奏が入って賑やか。

サマルカンドでいちばん大きな
プロフセンター

OSH MARKAZI
オシュ・マルカジィ

席に座るとサラダやピクルスを乗せた大きなトレーがやってくる（10,000スム～）。プロフは1種類で、フルサイズの700gとハーフサイズの350gから選ぶ。

Afrosiab St. Samarkand
☎ 99893-330-2100
11:30～14:00　日曜休み
サービス料10%　禁煙
Map/P65 F-1

1 予算はプロフ、サラダ、ナン、紅茶でひとり50,000スムくらいと手頃。**2** 大きなコゾン。**3** 白を基調にした明るい店内。

毎晩開催のライブステージで賑やか

Noviy arbat
ノビィ・アルバット

新市街の中心に位置。ライブスペースと落ち着いたテーブル席の2階層で、伝統的なウズベク料理が味わえる。名物はひき肉を串に刺してグリルしたクイマなどの肉料理。

142 Mirzo Ulughbek St.
Samarkand
☎ 99895-509-2200
11:00～23:00　休みなし
サービス料15%　禁煙
Map/P64 A-2

1 ひき肉や牛肉のシャシリクは1本25,000スム～。**2** ロシア風の内装。**3** 米が入ったスープ。

Bibikhanum Teahouse
ビビハム ティーハウス

1 何と言ってもこの雰囲気がたまらん。 **2** これだけ頼んで18万スムくらい。 **3** シェルドル・マドラサの壁画が目印。

伝統文化のチャイハナ風レストラン

レギスタン広場とビビハニム・モスクを結ぶイスラム・カリモフ通りにあるレストラン。入口にはレギスタン広場のシェルドル・マドラサを模したデザインがあり、華やかでかわいらしい雰囲気。屋外やテラス席が多く、伝統文化のチャイハナをモチーフにした造りになっている。名物は大きな水餃子のマンティで、羊、チキン、牛など7種類を揃える。ひとつ10,000スムと手頃なので、いろんな味を試してみて。

4 名物の大きなマンティ。 **5** 色彩豊かなチャイハナ風のデザイン。 **6** 旨すぎる米入りスープのマスタバ。

Islom Karimov St. Samarkand ☎ 998-915-37-84-73
夏期 8:00 〜 23:00、冬期 10:00 〜 22:00 休みなし
サービス料10% カード VISA、MASTER
英語、写真メニューあり 喫煙可 Map/P65 E-2

EMIRHAN restaurant
エミリハン レストラン

1 あっさりとした味わいのサマルカンドプロフ（75,000 スム）。**2** スタッフのコスチュームはアドラス柄でかわいい。**3** 遺跡の見える２階席。**4** バーカウンターを完備。**5** 広いテーブル席。

遺跡を眺めながらゆっくりと食事を

レギスタン広場のすぐ隣にある、2023年にオープンした一軒家のレストラン。入口には色彩豊かなシーシャが並ぶ。店内は白地のレンガを配したウズベキスタンとヨーロッパが融合したおしゃれなデザインで、センス良くまとめられている。ヨーロッパや西洋料理を中心としたメニューで、二重内陸国のウズベキスタンではめずらしい魚料理も提供する。他にもプロフ、シャシリク、バラックなどウズベク料理も充実。全面に大きく窓がとられた２階席、屋上のテラス席からは、すぐ近くに遺跡が見られる絶好のロケーション。値段は少し高めだが、高級感がある素敵なお店だ。

1/18 Makhmudzhanova Samarkand
☎ 998-888-91-60-00　11:00 〜 23:00　休みなし
サービス料 15%　カード VISA, MASTER
英語メニューあり　禁煙　Map/P65 D-2

SAMARKAND / レストラン

1 日本の価格の約半分で楽しめるステーキ。**2** ショッピングモールの２階。**3** テラス席から見るライトアップされた市庁舎。**4** ボリューム大のステーキ。**5** このマークが目印。

VERANDA
ベランダ

Makon Mall, 17 Mirzo Ulugbek St. Samarkand
☎ 998-904-68-70-00
11:00～22:00　休みなし　サービス料15%
英語メニューあり　禁煙　Map/P64 B-2

地元で人気のステーキハウス

ウルグ・ベク通りに面する、地元で人気のショッピングモール「マコンモール」2階にあるステーキハウス。店名の通り、大通りに面する広いテラス席があって、レトロな市庁舎や天気の良い日にはアマンクタンという山までの眺望を楽しめる。ここは牛ステーキが手頃な価格で味わえると人気のお店。おすすめのテンダーロインステーキは、500gで17万スムと安価。中央アジアの遊牧民族の黄色い油「サル・マイ」を使用して焼き上げたステーキは、とってもやわらかでおいしい。ボルシチなどのスープも24,000スム～、サラダは25,000スムからと手頃な価格が魅力。

サマルカンドのビールで乾杯！

1 バザロバ通りに面するパブストリートの入口。**2** 突き当たりのビール工場。**3〜7** パブストリートには一軒家のパブが軒を連ねる。

Pub street
パブストリート

多彩なビアホールが軒を連ねる
パブストリートへ

レギスタン広場から約3kmの場所にあるパブストリート。およそ300mの通りには約20軒のビアパブが並び、夏場にはビアガーデンを開催するなど大いに盛り上がる。この通りの突き当たりには、黄色ラベルでお馴染みのサマルカンドの地ビールPulsar（プルサール）の工場があり、ほとんどのお店でプルサールの生ビールが楽しめる。すぐ近くには、FCディナモ・サマルカンドの本拠地のディナモ・スタジアムがあって、サッカーの試合の日はこの通りも大混雑。どこもビールの金額はだいたい同じで、店頭にはメニューや看板で料理を掲示しているところも。パブストリートを散策しながら、気になる店に入ってみよう。

Bazarova St. Samarkand
Map/P64 A-2

SAMARKAND レストラン

ビール工場の前にある洋館で
生ビールと肉料理を楽しむ

Gusto beer garden
グストビールガーデン

1 ピルスナービールのトゥボルク 14,000スム（左）とサルバスト 12,000スム。**2** プルサールの工場はすぐ近く。**3** 大きな洋館。

パブストリートを歩いていると、ひと際目を引く大きな建物は、2024年にオープンしたグストビールガーデンだ。ヨーロッパのチェコをモチーフにしたおしゃれな洋館で、夏場は緑いっぱいのテラス席でビアガーデンを開催。生ビールは、プルサールはもちろん、タシケントやそのほかの地域の国内クラフトビールを揃え、常時7タップを用意。料理は、ステーキやシャシリク、ジズなど肉系が充実したメニューで、ビールとの相性も抜群だ。

Bazarova St. Samarkand
☎ 998-976-67-77-70
12:00〜2:00　休みなし　サービス料15%
英語メニューあり　分煙　Map/P64 A-2

パブストリートいちばんの老舗

BOCHKA
ボチカ

パブストリートの中で最初にできた老舗店。ビール工場まで200mという近さから、地下で工場とパイプでつながっているとの噂もあるが、実際は毎日ビール樽で運ばれてきていて、鮮度が高い生ビールが楽しめる。大きなビア樽型のエントランスを抜けるとアメリカの西部劇のような木のドアがあって雰囲気抜群。生ビールは常時5タップで、4.5%から13%までと幅広いアルコール度数を取り揃える。日本ではなかなかない度数なので、ビールが好きならお試しを。

1 プルサール500mlで10,000スム〜。**2** パブストリート突き当たりに位置。**3** 店名のボチカはロシア語で樽の意味。

Bazarova St. Samarkand
☎ 998-662-33-59-02
11:00〜23:00　休みなし
サービス料15%
英語メニューあり　禁煙
Map/P64 A-1

Hotel ホテル

EMIR HAN HOTEL
エミール・ハン ホテル

伝統的な装飾で
オリエンタルな雰囲気

まるで遺跡のように美しい外観、中に入れば伝統的な装飾が素晴らしいクラッシックなホテル。サマルカンド特有の豪華な棚、部屋には金の装飾と、ウズベキスタンとヨーロッパの文化を融合させた、オリエンタルな雰囲気がとても素敵だ。ルクスは60㎡と広く、洗面台の鏡は金色に輝く豪華なもの。スタンダードツインでも25㎡と十分な広さがあって快適だ。遺跡観光の後もウズベク文化を感じられる、いちどは泊まってみたい憧れのホテル。

1 ヨーロッパ風の豪華なデザインのルクス。**2** 色とりどりの彫刻があるロビー。**3** 広いレストラン。夏場は屋外のテラス席も気持ちがいい。

46A Dahbet St. Samarkand ☎ 99866-235-0024
IN14:00 OUT12:00　90～400ドル　Wi-fi完備、レストラン、プール、両替所　カード VISA、MASTER　客室数 74　全室禁煙
空港、駅送迎あり（有料）要予約　Map/P65 D-1

Bibikhanum Hotel
ビビカナム ホテル

ビビハニム・モスクに隣接する
小さなホテル

ビビハニム・モスクのすぐ隣にあり、レギスタン広場へも徒歩圏内とロケーションの良さで人気のホテル。室内は伝統的な装飾でかわいらしく、どこか素朴で落ち着ける。併設のレストランからもビビハニム・モスクがよく見え、世界遺産を眺めながらの朝食は至福の時間だ。夜にはバーでお酒を一杯、のんびりと過ごせる宿。

1 部屋を出るとこの景色。**2** 2階建ての小さなホテル。**3** 伝統的なかわいい部屋。**4** イスラム装飾のレストラン。

10, Tashkent St. Samarkand ☎ 998-782-10-08-11　IN14:00 OUT11:00
ツイン 40ドル～、トリプル 50～150ドル
Wi-fi完備、レストラン、カード VISA、MASTER　客室数 24　全室禁煙
空港送迎あり（有料）Map/P65 E-1

SAMARKAND

HOTEL ARBA
ホテル アルバ

レンガ造りのかわいい
ロシア風の洋館

街を歩いていると、ロシア風のかわいいデザインが目を引く気になる洋館。中はさらにかわいらしくて心が躍る。ウズベキスタンの伝統的な彫刻や家具が置かれていて、雰囲気も◎。ウズベキスタンのホテルはシャワーのみが多いのだが、こちらは70％の部屋にバスタブが付いているので、1日の疲れをゆっくり癒せるのがいい。隣には、同じ名前のレストランも併設。女性人気が高い、小さなかわいいホテル。

1 中庭のナンを焼くタンドル。朝食のナンはここで焼かれたもの。**2** 54㎡とゆったり広いトリプルルーム。**3** ロシア風の外観。

92 Muhanmud Koshgari St. Samarkand
☎ 99866-233-6067　IN14:00 OUT12:00　70～100ドル　Wi-fi完備、レストラン　カード VISA、MASTER　客室数 39　全室禁煙
空港、駅送迎あり（有料）要予約　Map/P64 B-4

遺跡の路地裏に佇む
小さなホステル

Hotel Dilshoda 1st
ホテル ディルショーダ 1番館

せっかくサマルカンドに来たのだから、遺跡のすぐ近くの街に溶け込むような宿に泊まってみたいもの。こちらはグリ・アミール廟まで徒歩1分、石畳の路地裏にある自宅を改装した小さなホステル。中庭にはアイウォンやタプチャンがあって雰囲気も抜群。何と言ってもここの良さは、スタッフが親切なこと。家族経営でアットホーム、いつもニコニコのママさんがとってもいい感じなのだ。この笑顔に魅せられたファンが、きっと世界中にいるはず。

1 中庭にはゆっくり過ごせるようにと、たくさんのソファーが。**2** ニコニコなママさん。この笑顔がたまらん。**3** アドラスやスザニなどでかわいらしいセンスの部屋。**4** 夏場は中庭のアイウォンでのんびり。

150 Ok-saroy St. Samarkand
☎ 99866-239-1317　IN14:00 OUT12:00
ツインルーム 40～70ドル　Wi-fi完備
客室数 11　全室禁煙
空港、駅送迎あり（有料）要予約
Map/P65 D-3

95

SAMARKAND 観光

ちょっと足を延ばして

Shakhrisabz
シャフリサーブス

ティムールの故郷へ

サマルカンドから車で2時間、南へ80km進むと英雄アミール・ティムールの故郷に到着。ティムールは特に故郷の復興に力を注ぎ、当時最大級の宮殿や自分の墓を建設するが中国遠征の途中で病に倒れ、宮殿を目にすることなく亡くなった。この壮大で優美な建築物群は、2000年に世界遺産に認定された。サマルカンドからツアーもあり日帰りできるので、あわせて回ってみたい。

Aqsaray Palace
アクサライ宮殿

壮大なゲートにかつての規模を思う

ティムールによって、1380年から24年間かけて建てられた宮殿。シャイバニ朝時代に破壊され現在はゲートだけが残るが、宮殿がとてつもなく大きかったことがうかがえる。近年のスペイン大使の調査記録によると、中庭は250m×125m、ゲートの高さは50mあったという。

Irak Yoli St. Shakhrisabz
☎ 99891-223-5254
9:00～18:00
休みなし

Dorussaodat
ドルッサオダット

ティムールが埋葬を希望していた最期の地

王様たちが眠る場所という名前が付けられた廟には、ティムールの長男と次男が眠る。敷地内には、ティムールが自分で用意したのではと言われる棺がある。1943年に地元の子供たちがここで遊んでいたところ穴に落ち、その先に大きな棺が。調べてみると、その棺はティムールが用意したものだと判明した。

Xovuz Mardon St. Shakhrisabz
☎ 99897-384-4477
9:00～18:00　休みなし

96

BUKHARA
ブハラ

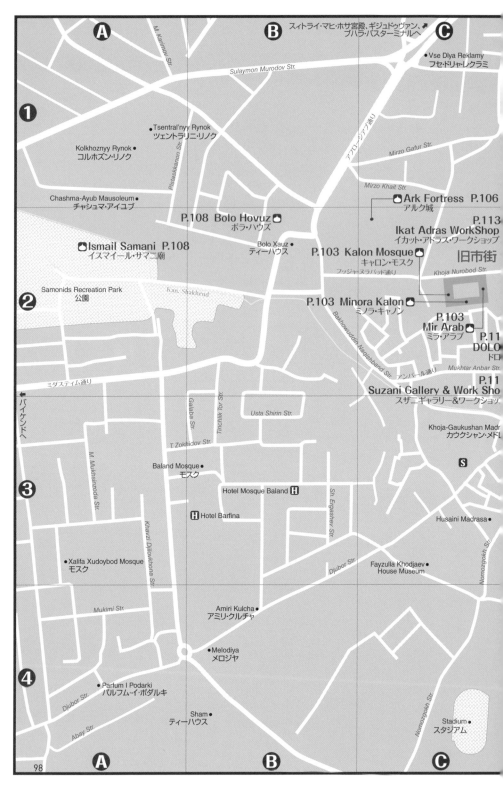

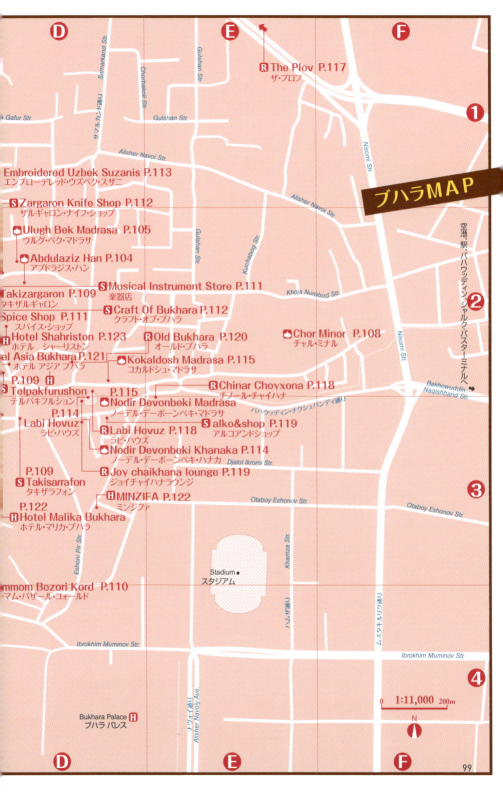

Bukhara
ブハラ

ブハラのアイドル的存在の遺跡チャル・ミナル。

砂漠のオアシスで中世を感じる

タシケントから西南西に約450km、ここまで来ると街の様子はガラリと変わる。レンガ色の街並みは、シルクロードの面影を色濃く残す。遺跡とバザール、ショップがひとつに集まり、歩いてまとめて見られる散策が楽しい街。砂漠の中にありながら、地下水脈に恵まれていたブハラは早くから貯水池事業が進められ、池には水を飲むためにコウノトリが集まった。ブハラの工芸品のハサミがコウノトリの形をしているのはこれが由来だ。水を湛える砂漠のオアシスと

バザールひとつのタキザルギャロン。

して栄え、シルクロードはもちろん、イスラム世界でも文化的な中心地だった。現在でも360のモスク、103のマドラサ、80の池が残る。しかしほかの地と同様、チンギス・ハンの襲来によって破壊されてしまう。その中でも、892年に建てられたイスマイール・サマニ廟は難を逃れ、ウズベキスタン最古の建物として今も美しい姿が確認できる。16世紀のシャイバニ朝になると、街は復興し再び蘇る。それ以降約500年もの間、旧市街の様子はほとんど変わっていない。バザールや遺跡は中世を感じさせ、1993年には世界遺産に登録。気候から年間300日は晴れるという街で、のんびりとシルクロードの面影を探してみよう。

ブハラの交通

[飛行機] タシケントから毎日1～2便。ウズベキスタン航空で1時間10分。

[列車] タシケントから特急「アフラシャブ号」で3時間50分。ブハラからヒヴァまで特急列車が運行。週3本、5時間50分。

[タクシー] サマルカンド同様、黄色いタクシーなのでわかりやすい。料金は交渉制でブハラ駅から旧市街までは30,000スム前後。同方向ならほかの人が同乗する場合もある。

1 アルク城前のラクダ。**2** 街のシンボルのミノラ・キャノン。シルクロードの時代には、このミナレットの灯りを頼りに人々は移動した。**3** キャロン・モスクから向かいのミラ・アラブを見る。

▶ ブハラで必ず見たいマストゴーな遺跡

旧市街は、遺跡もショップもレストランも1か所にまとまっているので、ゆっくり散策しても1日で回れる。遺跡だけを見ていくのではなく、ぶらぶらと街歩きをしながら一緒に見ていこう。

Must go! 1　Minora Kalon　ミノラ・キャノン

ここはブハラの遺跡観光のメインの場所。ランドマークのミノラ・キャノンとキャロン・モスク、ミラ・アラブの3つの遺跡が建ち、広場のようになっている。

Must go! 2　Abdulaziz Han　アブドラジス・ハン
Ulugh Bek Madrasa　ウルグ・ベク・マドラサ

旧市街の中心地、タキザルギャロン・バザール近くに位置するふたつのマドラサ。アーチの装飾がウズベキスタンでいちばん美しいと言われるアブドラジス・ハン。その向かいに建つウルグ・ベク・マドラサは、ウルグ・ベクが建てた神学校の中でもっとも古いもの。近いので両方行ってみよう。

Must go! 3　Ark Fortress　アルク城

ミノラ・キャノンの広場を出ると左手にはもう大きな城壁が見えている。5分も歩けば、アルク城に到着。雄大に佇むレンガと砂の城壁を眺めていると、ここが砂漠に囲まれた街だと再認識する。

Must go! 4　Chor Minor　チャル・ミナル

旧市街中心部から東に800mの閑静な住宅街に佇む。かわいい姿でブハラ遺跡の中のアイドル的存在。ここにはこの遺跡のみだが目の前にはカフェもあり、のんびり散歩にぴったり。

Must go! 5　Labi Hovuz　ラビ・ハウズ

ブハラのオアシス、ラビ・ハウズ周辺へ。タキザラフォン・バザールからラビ・ハウズのあたりには、たくさんのショップやレストランが。周辺にはマドラサやハナカなど3つの遺跡がある。

BUKHARA 遺跡

Must go!
1

Minora Kalon
ミノラ・キャノン

ミノラ・キャノンを中心に3つの遺跡が建つ広場

1127年にアルスロン・ハンによって建てられたミナレット。塔の高さは46mを誇り、シルクロードの商人たちはこのミナレットを確認しながら、ブハラを目指した。ミナレットには1920年にソビエト連邦軍の攻撃でできた7つの穴を修復した跡が残っている。夜はライトアップされて幻想的な雰囲気に。

1 街のシンボル。2 白く見えるのが修復した穴。

Khoja Nurobod St. Bukhara
※この頁全て同住所
Map/P98 C-2

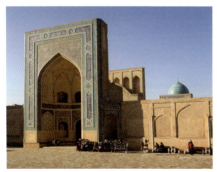

アラブ式の白で装飾がなく288本の柱を持つモスク。

Kalon Mosque
キャロン・モスク

1127年アルスロン・ハンによって建てられたモスクだが、チンギス・ハンに破壊され、1517年に再興。ブハラでいちばん大きなモスクで、現在も使用される。

9:00～20:00
入場料 15,000 スム
Map/P98 C-2

Mir Arab
ミラ・アラブ

キャロン・モスクの向かいに立ち、イエメンの聖職者ミラ・アラブによって1530年に建てられた現役の神学校。創建からいちども閉鎖されていないのはここだけ。

Map/P98 C-2

現役の神学校のため観光客には開放していない。

103

正面に立って壁の色彩を比べてみよう。

ゲート上の見事な装飾。

中央のゲートの左右で
壁のデザインが変わる。

Khoja Nurobod St. Bukhara
9:00 〜 18:00
入場料 15,000 スム
彫刻博物館 15,000 スム
Map/P99 D-2

Must go! 2

Abdulaziz Han
アブドラジス・ハン

父のために建てた
半分色のないマドラサ

タキザルギャロン・バザールを背にして右手にアブドラジス・ハン、左手にはウルグ・ベク・マドラサと、ふたつの遺跡が向かい合うので、両方一緒に見てみよう。アブドラジス・ハンは、アブドラジスの息子が建てたマドラサ。晩年失明した父を偲んで、外観にその生き様を表すデザインを用いた。右側の壁は目が見えていた時の世界を表し、青のタイルでカラフルに装飾。いっぽう左側の壁には色は全くつけず白壁のままで、失明後の世界観を表現した。左に色がないのは劣化ではなく当初からのデザインだ。

BUKHARA 遺跡

アブドラジス・ハンの
お化けが見られる？

アブドラジス・ハンの中は博物館だが、注目はアブドラジス・ハンのお化けが出るという壁だ。中ほどの壁に、見事な正装で佇むアブドラジス・ハンが、光の加減で浮かび上がるという。ぜひ確かめてみて。

1 中庭の壁も半分色がない。**2** 博物館には当時の装飾品などを展示。**3** これが噂のアブドラジス・ハンのお化けの壁。よく目を凝らしてみると、そう見えなくもない。

Ulugh Bek Madrasa
ウルグ・ベク・マドラサ

ウルグ・ベクがはじめて造ったマドラサ

1417年にウルグ・ベクが建てたマドラサ。ウルグ・ベクが造った3つの神学校の中でもっとも古い。サマルカンドのレギスタン広場にあるマドラサに比べると規模はかなり小さいが、はじめて2階建てを造るなど、当時の最新技術をもって建てられた。現在、中は土産物店になっている。

ブハラで教育を受けた感謝の気持ちからマドラサを造った。

Khoja Nurobod St. Bukhara
9:00 〜 18:00
入場料 15,000 スム
Map/P99 D-2

105

高くそびえる城壁と空の青のコントラストは圧巻。

1 アルク城の正面。**2** 王がさまざまな人と会った謁見の間。**3** 城内には罪人を入れる牢獄があった。

Must go!
3 Ark Fortress
アルク城

アルク城の中に
新たに考古学公園がオープン

正確な時期は不明だが、現在の形となったのは18世紀のマンギトゥ王朝の時代と言われる。高さ22mの城壁を持つ宮殿は、かつての繁栄を思わせる堂々とした姿で佇み、ブハラを象徴する遺跡だ。1920年にソビエト連邦軍に攻撃され、内部をことごとく破壊された。これまではモスク、謁見の間、コイン博物館など城の1/4ほどの公開だったが、破壊された場所を整備して2023年に考古学公園として公開している。

BUKHARA 遺跡

城の中にある砂漠

4 城の中にある砂漠のような場所。**5・6** 建物本来の姿をガラスの看板で説明。**7** 遊歩道を設置して、歩きやすい考古学公園に。

新たな歴史的な遺跡を見学できるようになったアルク城。入口から城を上に登っていくと資料館に到着。その脇の小道を進むと古い木のドアがあり、それを開けるとまるで砂漠のような広大な景観が広がっている。ここは考古学公園として、新たに公開された場所。ソビエト連邦軍が破壊して何もなくなってしまった場所に遊歩道や看板を設置して整備。破壊されたそのままの姿を保存して公開した。それにより、約4haもの敷地を誇るアルク城のほとんどが見られるようになった。砂漠のようなその場所には、かつて王と王に仕えた400人の人々が暮らす痕跡があった。ゆっくりと散策すると1時間ほどかかるが、ここは必須で見てほしい場所だ。

Afosiyob St. Bukhara ☎ 99865-224-1729
8:00〜19:00 入場料 40,000スム、カメラ撮影代 30,000スム Map/P98 C-2

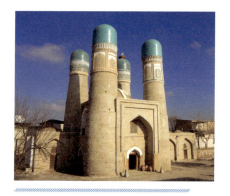

Khoja Nurobod St. Bukhara
9:00 〜 20:00　休みなし　入場料 15,000 スム
Map/P99 E-2

Must go! 4

Chor Minor
チャル・ミナル

ブハラ遺跡界のアイドル

住宅の中に忽然と現れる、4つのドームを頭に載せたかわいい塔は、1807年に建てられたマドラサ。そのかわいいフォルムから土産物店ではチャル・ミナルのグッズも多い。周囲にほかに遺跡はないが、夏場はカフェや土産物などのショップが開かれて賑わう。

Afosiyob St. Bukhara
9:00 〜 17:00　Map/P98 B-2

Bolo Hovuz
ボラ・ハウズ

水面に映る姿が美しい金曜日のモスク

1712年にエミール・シャクムラド王が造ったモスクは、アルク城の向かいに建つ。イスラムの休日の金曜日になると、王は城から降りて祈りを捧げた。柱の上部には花や幾何学模様の装飾が施され、20本の柱が池に映る姿が美しいことから、別名40本の柱のモスクと呼ばれている。2017年に修復が終わり、鮮やかな色彩が蘇った。

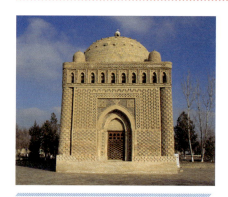

Hazi Bodom St. Bukhara　☎ 99891-415-0826
9:00 〜 18:00　休みなし　入場料 15,000 スム
Map/P98 A-2

Ismail Samani
イスマイール・サマニ廟

ウズベキスタン最古の建造物

観覧車がある遊園地を通り、その先の公園にちょこんと建つ小さな建物は、サマニ朝王イスマイール・サマニの父親が眠る廟。ウズベキスタン最古の建造物で、892年から22年かけて建てられたもの。どの角度から見てもまったく同じ形に見えるようにデザインされている。

BUKHARA ショッピング

中世と変わらぬバザールでお買いもの

Taki Bazar
タキ・バザール

掘り出しものが見つかるバザール

16世紀から同じ姿で佇むバザール。旧市街には3つのバザールがあって、その総称をタキ・バザールと呼ぶ。レンガのドームが連なり、強い日差しをしのげる。これを見ると、ああ、ここはシルクロードだったのだと実感。バザールにはそれぞれ名前が付けられ、ウルグ・ベク・マドラサの近くの「タキザルギャロン」、ホテルアジア近くの「テルパキフルション」、ラビ・ハウズ近くの「タキザラフォン」があり、この中でさまざまな物が売られている。タキザルギャロンとテルパキフルションをつなぐハキカット通りは、レストランやカフェ、多くのショップが集まっているので、この通りを歩けば何かしら見つかる。

3つのバザール

- **Takizargaron**
  タキザルギャロン
  Map/P109 D-2

- **Telpakfurushon**
  テルパキフルション
  Map/P109 D-2

- **Takisarrafon**
  タキザラフォン
  Map/P109 D-3

レンガのドームの中は、冬場を除き多くの露天商が衣服や帽子などさまざまなものを販売している。

Hammom Bozori Kord
ハンマム・バザール・コォールド

1 レンガ造りのハマムの内部。**2** 賑やかな通りにある入口。**3** 広いロビーでゆったり。

トルコ風の蒸し風呂でスッキリ

テルパキフルション近くにあるハマム。ハマムとはトルコ風の蒸し風呂のこと。せっかくブハラまで来たのなら試してみたい。19世紀から営業している老舗で、中はまるで遺跡のよう。アカすりのマッサージ付きで施術は約1時間。通常は男性のみだが、予約をすれば女性も18時以降で施術可能。

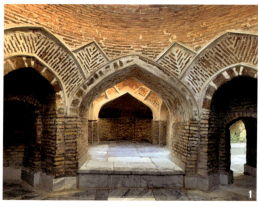

Khakikat St. Bukhara
☎ 998-948-859-16-16
6:00 〜 23:00　休みなし
入館料（マッサージ込み）40万スム
Map/P99 D-2

Suzani Gallery & Work Shop
スザニギャラリー＆ワークショップ

1 店頭に並ぶスザニ。**2** 刺繍体験もできる。**3** 価格表示もあり見やすい。

気軽に寄れるスザニ店

テルパキフルションを抜けた50m先にあるスザニショップ。ランチョンマットやテーブルクロス、テーブルランナーなど約65種類のスザニを展示販売。スザニの刺繍体験は2種類。少しだけ刺してみる無料の体験と、1時間しっかり教えてくれる有料体験（13万スム）がある。日本語が話せるスタッフもいるので安心。

Khakikat St. Bukhara
☎ 998-97-300-55-65
8:00 〜 21:00　休みなし
カード VISA　Map/P99 D-2

タキザルギャロンの人気スパイス店

なんとも言えないかわいい造りで、通るたびに気になる店。タキザルギャロンのドームの中にあり、シナモンやカルダモン、クミンなど20種類のスパイスとお茶、手づくりのチェスを売る店。チェスは60〜250ドルで、ひとつひとつ異なる表情がたまらなくかわいい。

Spice Shop
スパイス・ショップ

3rd Trading Dome Khakikat St. Bukhara
☎ 99890-636-0201　8:00〜18:00
休みなし　カード VISA　Map/P99 D-2

1 ちなみに店主の前歯は全て金歯だ。**2・3** 動物の骨とくるみの木で作ったチェス盤。あまりのかわいさに本気で持ち帰ろうかと悩む。

Musical Instrument Store
楽器店

1 陽気な店主が奏でる音楽に心が躍る。**2** ドンブラやドゥタールなど伝統的な楽器が並ぶ。

思わず足を止め聞き入っちゃう楽器店

スパイス・ショップの隣には、楽しい露店の楽器店がある。誰かが通るたびにウズベキスタンの民謡や、誰もが知るクラシックや洋楽を奏でる店主。店頭には伝統的な楽器、またはそれに似せた楽器がずらり。ここに並ぶ楽器は全て店主の手作りだというから驚きだ。小さいもので20ドルくらいから買えるので、土産として購入するのも良いかも。

3rd Trading Dome Khakikat St. Bukhara
8:00〜18:00　休みなし
Map/P99 D-2

Craft Of Bukhara

クラフト・オブ・ブハラ

ブハラの名産品
ハサミとナイフの専門店

ブハラはコウノトリの形をしたハサミが有名でお土産として人気が高い。こちらは創業500年、現在8代目が切り盛りするナイフ・ハサミの専門店。全て手作りで、店頭では炉で真っ赤に熱せられた鉄を金槌で叩く音が響く。迫力ある仕事っぷりを見るのは実に楽しい。豊富な種類が揃っているので、いろいろ見てみよう。

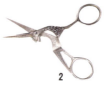

1・3 店は工房も兼ねている。2 希望すれば名前をその場で入れてくれる。

Khakikat St. Bukhara ☎ 998-905-10-07-07
9:00～20:00　休みなし
カード VISA、MASTER　Map/P99 D-2

Zargaron Knife Shop

ザルギャロン・ナイフ・ショップ

品揃えがいいナイフショップ

ブハラの物産として名高いナイフ。旧市街には6か所のナイフ店がある。こちらは16世紀に開業して現在は7代目が営む。広い店内は入口すぐに工房があり、中に入ればところ狭しと置かれた商品のハサミやナイフが300本以上並ぶ。中には18世紀にこの工房で作られた古い剣もあって驚きだ。

1 さまざまな素材を使って作られるナイフ。2 ブハラの名産コウノトリのハサミは、熱して叩いて磨いてを何度も繰り返して、丁寧に作られる。3 力を入れずにアルミ缶が切れる、見事な切れ味。

3rd Trading Dome Khoja Nurobod St. Bukhara ☎ 99891-408-0707
8:00～20:00　休みなし　カード VISA
Map/P99 D-2

BUKHARA　ショッピング

Embroidered Uzbek Suzanis
エンブロ―デレッド・ウズベク・スザニ

ブハラ最大のスザニショップ

スザニは全てオリジナル商品。シルクの染色からスザニの刺繍まで一貫して行う。商品はバッグやテーブルカバー、クッションまで種類も多い。全ての商品には値段表示があるので安心。

1 店内の工房でひとつずつ丁寧に作られる。**2** 染色は玉ねぎなど自然なものから着色。**3** アットホームな雰囲気で心地よい家族経営の店。**4** 白レンガの外観。

Khoja Nurobod St. Bukhara
☎ 998-972-96-11-99
10:00 〜 19:00　休みなし
カード VISA、MASTER
Map/P99 D-2

Ikat Adras Work Shop
イカット・アドラス・ワークショップ

店内の工房で作られるアドラス

ブハラ・シルク・カーペットが経営するアドラスの専門店。奥の工房で糸を編んで布から作る商品は全てオリジナルで、スカーフ、クッションカバー、女性の衣服などバリエーションも豊か。スカーフは20ドル〜、クッションカバーは15ドルくらいから。広い店内でゆっくり買い物しながら、工房の機織りを見学するのも面白い。

1 ひとつはほしくなるアドラス柄の衣服。**2** テルパキフルションからアルク城に向かう途中にある。**3** 奥は工房になっていて機織りが見学できる。

Khoja Nurobod St. Bukhara
☎ 99890-513-4824　9:00 〜 20:00　休みなし
カード VISA　Map/P98 C-2

113

Must go! 5

Labi Hovuz
ラビ・ハウズ

Map/P99 D-3

ウズベク語で岸辺のある池を意味するラビ・ハウズ。1620年に造られた溜池には8段の階段があり、古くは洗濯などをしに多くの人が集まった。ラビ・ハウズ周辺には3つのマドラサやハナカがある。遺跡を眺めながらひと息つけるベンチやカフェ、レストランもあって、人々が集う憩いの場所だ。

長さ42m×幅36mと大きな溜池のラビ・ハウズ。

Nodir Devonbeki Khanaka
ノーデル・デーボーンベキ・ハナカ

ラビ・ハウズに映える人気のハナカ

池の正面に建つのは、シャイバニ朝の大臣ノーデル・デーボーンベキが作ったハナカ。ハナカとは聖職者の宿泊施設のことで、中には図書館や食堂なども。1619年に建てられ、ここは水と木々に囲まれた砂漠のオアシスだった。近年修復を終え公開された博物館には、古い壺や皿などブハラで発掘された遺物を展示している。

B.Naqishband St. Bukhara
9:00〜17:00（夏期は18:00） 水曜休み
入場料 20,000スム　Map/P99 D-3

砂漠を歩くキャラバンのラクダの像。

中は博物館になっている。

Nodir Devonbeki Madrasa
ノーデル・デーボーンベキ・マドラサ

ほかのマドラサとの違いを見つけて

1622年にノーデル・デーボーンベキによって建てられ、マドラサになってしまった建物。元々はキャラバンサライという商人が利用するホテルだったが、完成式典の王の挨拶で「立派なマドラサだ」と言われ、マドラサになってしまった。このためモスクがない、壁画に動物が描かれているなど、他のマドラサとの違いが見つかる。

B.Naqishband St. Bukhara
9:00 〜 18:00　入場料なし　Map/P99 D-3

1・3 正面壁画には鳳凰と人物が描かれている。2 夏場は中庭で毎晩民族舞踊のショーが行われる。

Kokaldosh Madrasa
コカルドシュ・マドラサ

かつては中央アジアで最大だったマドラサ

ラビ・ハウズの前の道を挟んであるのは、16世紀にアブドラ・ハンが建てたマドラサ。当時は中央アジア最大の160室のフジュラがあり、300人以上の学生が住み込みながら勉強していた。外装は地味だが、内装の天井は派手に装飾されている。ソビエト連邦時代に閉鎖され、現在フジュラには土産物屋が入っている。

1 当時このマドラサが賑わっていたため、周辺にハナカが建てられたという。2 ゲートの中は派手な装飾が施されている。

Mukhtar Anbar St. Bukhara
☎ 99891-311-1335
9:00 〜 18:00　休みなし
入場料 15,000 スム
Map/P99 D-2

おいしいブハラ

Restaurant
レストラン

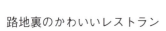

路地裏のかわいいレストラン

DOLON
ドロン

テルパキフルション近くの路地裏にあるウズベク料理店。安い、おいしい、雰囲気が良いと三拍子揃っておいすすめ。屋上のテラスからは、旧市街が一望できる。名物料理は店の名前が付いた、牛肉を卵の薄焼きで巻いて揚げた「ドロン」。ボリューム満点でやさしいカツレツのような味。さらにぜひ食べてほしいのは、カザンケバブ。羊肉とじゃがいもをクミンなどの香辛料で炒めた料理は食べ応えがあって、パワーアップできる一品。

1 写真は３人前でこれだけ食べて15万スムくらい。**2** パリッと効いた塩味とクミンが香るカザンケバブ。**3** 天気の良い日は屋上テラスがおすすめ。**4** 路地裏好きの私は、ここまでの導線もワクワクでたまらん。

27 Khakikat St. Bukhara
☎ 99893-626-0701
12:00～23:00 休みなし
カード VISA
サービス料 15%
分煙
Map/P99 D-2

BUKHARA レストラン

地元で大人気のプロフ屋さん

The Plov
ザ・プロフ

タキザルギャロンから車で約10分、コンプレックスモールの中にあるプロフ店。店内はレンガの壁にアドラスや昔の写真が飾られ、雰囲気も◎。オープンは2019年、一皿600gのボリュームとおいしさ、提供の速さからたちまち人気店に。メニューは、サマルカンドプロフとブハラプロフの2種類で、馬肉やうずらの卵などをトッピングできる。プロフのお供のスズマ、アチャクチュチュクも8,000スムからと安いので、あわせてオーダーしてみよう。

1 ブハラのプロフはダイエットプロフと呼ばれ、油が少なくあっさりとした味わい。**2** 座席数400の広い店内。**3** 出来立ての牛肉の塊。**4** 均一に熱が通る銅製のコゾンを使用。

QCMG+MCH Bukhara
☎ 998-939-60-25-55
11:00～15:00 休みなし
カード VISA、MASTER
サービス料 15%
英語メニューあり 禁煙
Map/P99 E-1

117

池のほとりの大人気レストラン

Restaurant Labi Hovuz
レストラン ラビ・ハウズ

池を眺めながら食事ができるウズベク料理店。夏場はテラス席や2階席がおすすめ。名物はシャシリクとコザショルバ。伝統的なコゾンで提供するスチームスープのコザショルバは熱々で、肉はやわらかくとってもおいしい！ これで1食になりそうなほど、ボリュームたっぷりで大満足。

1 窓の外には池が広がる。**2** シャシリクは1本20,000スムからと手頃な値段なので、牛や羊、キーマなどいろいろ頼んで味比べしてみて。**3** ラビ・ハウズ周辺のビニールハウスの個室もこのレストラン。**4** 熱々のコザショルバは具材を皿に出して食べる。

100 B.Naqishband St. Bukhara
☎ 99897-301-0000　10:00～22:30
休みなし　現金のみ　サービス料15%
禁煙　Map/P99 D-2

1 滞在中一度は行きたいレストラン。**2** 伝統的な装飾で雰囲気抜群。**3** ラビ・ハウズから歩いて3分。

気さくなスタッフとおいしい料理

Chinar Choyxona
チノール・チャイハナ

ラビ・ハウズのすぐ近くの居心地の良いレストラン。サービス、味ともに定評のあるウズベク料理の店。ブハラの伝統的な3階建ての建物で、屋上にはテラスも。名物はシャシリクなどの肉料理。スープは25,000スム、サラダは20,000スムからとリーズナブルなので、いくつか頼んでみたい。

122 B.Naqishband St. Bukhara
☎ 99865-224-5119　10:00～23:00
休みなし　サービス料15%　禁煙
Map/P99 E-3

BUKHARA　レストラン

キャラバンステイをリノベした
レストラン

Joy chaikhana lounge
ジョイチャイハナラウンジ

ラビ・ハウズから1本入った路地裏に佇むレストラン。この建物はシルクロードの商人たちが宿泊したキャラバンステイで、19世紀に建てられたもの。客室だった場所は個室にするなど昔の趣きを残したままリノベーションして、伝統的なウズベク料理店に。雰囲気の良さとおいしい料理で、地元はもちろん観光客にも大人気、予約なしでは入れない。名物のシャシリクは鶏や羊など10種類で35,000スムから。非日常を味わえる素敵なレストランだ。

1 雰囲気抜群の店内。**2** ウズベク料理のほかにロシア料理も。**3** エントランスでは来店時にお茶が振るまわれる。**4** スズマに水を入れ細かいナンと牛肉を入れたクルトバという料理。

2 Sarafon, Bukhara
☎ 998-881-83-02-00　11:00～23:00　休みなし
カード VISA、MASTER　サービス料 15%
英語メニューあり　禁煙　Map/P99 D-3

alko&shop
アルコアンドショップ

ラビ・ハウズ前のミニマーケット

ブハラ旧市街でお酒を購入するならここが便利。ビールやウオッカ、ウイスキーなどひと通りを揃える。他にもスナックやパンなどの商品も揃うミニマート。

1 コンビニのような品揃え。**2** ピンクの看板が目印。**3** ワインも販売。

B.Naqishband St. Bukhara
☎ 998-973-03-99-90
9:00～23:00　休みなし　現金のみ
Map/P99 D-3

Old Bukhara
オールド・ブハラ

目を閉じて味わいたい
絶品の羊料理

ラビ・ハウズとタキバザールにも近くアクセス良好なウズベク・ヨーロッパ料理の店。2階建ての店内は屋上にテラス席、アルク城の謁見の間をテーマにした部屋など、さまざまなデザインの部屋がある。なんといってもここでぜひ食べてほしいのが、名物の羊料理。骨つきラムを揚げたバグリと、グリル料理のクイゴシティチャルゴシはマストで食べたい。あまりにおいしいと人は無口になるものなのねと学んだ一品。ぜひお試しを！

1 バグリ（右）は500gで11万スム。カリカリ食感がたまらない。クイゴシティチャルゴシ（左）は、塩と玉ねぎだけでこの旨さとは驚き。**2** アラビア調の部屋。喫煙者はこちらで。**3** 夏場は中庭での食事もおすすめ。**4** アルク城の謁見の間をモチーフにした部屋。**5** レンガの外観。

3 Samarukand St. Bukhara
☎ 99890-185-7077　12:00〜23:00　休みなし
カード MASTER　サービス料 15%
英語メニューあり　日本語スタッフ　分煙
Map/P99 D-2

ホテル
Hotel

BUKHARA ホテル

Hotel Asia Bukhara
ホテル アジア ブハラ

遺跡のような外観のシンボリックなホテル

タシケント、サマルカンドやヒヴァなど国内5か所に展開するアジアホテルグループのホテル。ラビ・ハウズにも旧市街の遺跡にも近く、どこに行くのも便利なロケーション。2006年に開業すると、マドラサのような外観は観光客に大人気となり、ブハラを象徴するホテルになった。118室の大型ホテルで、中庭には旧市街では唯一のプールも。中庭、レストラン、ジムもあって快適に過ごせる。

1 遺跡のようなデザインで街に溶け込む。2 伝統的な装飾のレストラン。3 中庭にはプールも。4 クラシックな部屋。5 中庭にはのんびりとくつろげるアイウォンも。

55, Mekhtar Anbar St. Bukhara ☎ 998-65-224-64-31
IN14:00 OUT12:00　スタンダードダブルルーム 90ドル～、スーペリア 120ドル～　Wi-fi 完備、レストラン、ビジネスセンター、プール カード VISA、MASTER　客室数 118　全室禁煙
シャトルサービスあり（有料）Map/P99 D-2

121

Hotel Malika Bukhara
ホテル・マリカ・ブハラ

レンガ造りの4つ星ホテル

ラビ・ハウズまで徒歩5分、旧市街中心に位置。レストランではウズベクと西洋料理が楽しめ、バーも充実。またジムには、ロシア式とトルコ式のサウナも。充実した設備とアクセスの良さが人気だが、なんといっても雰囲気が良いのが最大の魅力。街に溶け込むレンガ造りの建物、中庭のテラスなどブハラを存分に感じられるホテル。

1 ホテルの中の小さな中庭。2 客室はシンプルながらセンスの良さが光る。3 かわいいロビー。

25 Gavkushon St. Bukhara
☎ 99865-224-6256 IN14:00 OUT12:00
ツイン86ドル〜、デラックスルーム96ドル〜
Wi-fi完備、レストラン、ジム、サウナ
カードVISA、MASTER 客室数37 全室禁煙
空港、駅送迎あり要予約
Map/P99 D-3

MINZIFA
ミンジファ

路地裏の小さなホテル

タキザラフォンから徒歩8分、石畳とレンガの住宅街の中にある小さなブティックホテル。レンガの塀に囲まれ、小さいながらセンスの良さが光る。ブハラには民家風のかわいいホステルがたくさんあって、このような宿に泊まるのも楽しみのひとつ。

1 ブハラ式の彫刻が施された部屋。2 中庭にはアイウォンがあり、ゆっくりできる。

63 Eshoni Pir. Bukhara ☎ 99865-221-0628
IN14:00 OUT12:00 45〜90ドル
Wi-fi完備、レストラン 客室数17 全室禁煙
Map/P99 D-3

Hotel Shahriston
ホテル　シャーリストン

今ブハラで人気ナンバー1のホテル

テルパキフルションを抜けた旧市街の中心に佇む。マドラサを思わせる美しい外観の前は、観光客の撮影スポットに。吹き抜けのロビーには荘厳なシャンデリアが飾られ、高級感のある造り。レストランのある屋上からは、遺跡が一望できる。男女別のトルコ式のサウナのハマムもあって、散策で歩いた後にホテルでゆっくりと体験できるのもいい。伝統文化を感じながら、モダンで新しいおすすめのホテルだ。

1 開放感のあるロビー。 **2** ホテルの前は賑やか。 **3** 屋上からの眺望。 **4** ハマムは予約制でカップルでの利用も可能。 **5** 落ち着いた客室。

53 Hakikat St. Bukhara ☎ 998-93-454-77-67　IN14:00 OUT12:00
スタンダードツインルーム 80ドル〜　スイートルーム 150ドル〜
Wi-fi 完備、レストラン、フィットネス、ハマム、エステマッサージ
カード VISA、MASTER　客室数 88　全室禁煙
シャトルサービスあり（有料）　Map/99 D-2

123

> 地元の人たちと交流したい！

The Uzbekistan – Japan Center, Bukhara Branch
ザ・ウズベキスタン－ジャパンセンター ブハラ分室

日本語を勉強するボランティアの学生たちとの交流

旅の楽しみのひとつには、地元の人々との交流がある。そんな希望を叶えてくれるのが、ブハラ国立大学の3階にあるザ・ウズベキスタン－ジャパンセンターだ。ここには日本語や日本文化の学科があり46名が在籍。その中の「観光のための日本語コース」の学生さんたちは、将来の観光ガイドに向けて、ボランティアでガイドを行っている。お互いの日にちが合えば、ブハラの見どころを紹介するサービスを利用できる。ガイドは1回2時間程度で、インスタグラムのDMから日にちや希望を書いて送ると返信が来る。まだ本職のガイドさんではなく勉強の合間で行っているので、ゆとりを持って依頼するのがおすすめ。ボランティアとはいえ、10〜20ドルを目安にチップを渡すのがスマートだ。

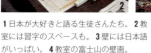

1 日本が大好きと語る生徒さんたち。**2** 教室には習字のスペースも。**3** 壁には日本語がいっぱい。**4** 教室の富士山の壁画。

International Business Center 107-B, Bukhara
Instagram/ujc_uzbekistan
日本語ガイドの相談はここからDMで
https://www.instagram.com/ujc_uzbekistan/

KHIVA

ヒヴァ

Khiva
ヒヴァ

イチャンカラの城壁の高さは8～10m、長さ2.2kmを誇る壮大なもの

砂漠の都市、憧れのイチャンカラへ

タシケントから西へ1000km、ついに憧れの街ヒヴァへ。ここには「イチャンカラ」と呼ばれる城壁で囲まれた市街地がある。中には城やマドラサ、モスクがあって、日本では見られない城塞都市だ。完全な形で中世の建造物が残るのは、中央アジアでもここだけ。「青空の下の博物館」と称されるイチャンカラ全体が世界遺産で、城内の民家には今も3000人が暮らす。16世紀まではヒヴァが属するホラズムの中心は別の場所だったが、アムダリヤ川がたびたび氾

濫を起こすためこの地に移動。方々からの侵略と川の氾濫を防ぐため、ヒヴァ・ハン朝は全長2.2kmの城壁を造り、全ての施設をこの中へ。モスクやマドラサが次々に建設され、中央アジアのイスラムの聖地と呼ばれるようになった。周辺にはキャラバンサライやバザールが集い砂漠のオアシスとなり、シルクロードの中継地としても栄えた。19世紀後半にはロシア帝国の攻撃を受けるも大きな破壊を免れ、奇跡的に中世の街並みがそのまま残った。ゲートをくぐれば、今も50ほどの歴史的な建造物が並ぶ。ヒヴァまでは遠い。どう来ても遠いのだが、その苦労は全て吹き飛んでしまう、忘れられない風景が待っている。

ヒヴァの交通

[飛行機] ウルゲンチから旧市街までは車で約1時間。いちばん近い空港はウルゲンチ空港。タシケントから毎日3〜4便。ウズベキスタン航空で1時間30分。

[列車] タシケントから特急「アフラシャブ号」で3時間40分、ブハラで下車。特急電車に乗り換え、ウルゲンチで下車。2019年からは特急電車が開通し、時間はかかるが電車でも便利に。

[タクシー] ウルゲンチからヒヴァまで約1時間。料金の目安は12万スム前後。ほかにミニバス、トローリバスがあり安く移動できる。所要時間は1時間30分〜2時間、1,400〜2,000スム。

[車] ブハラから車をチャーターするという手も。所要時間7時間、1台100ドルくらいから。時間は長いが、砂漠をひたすら走るという貴重な経験ができる。

1 西門近くのキャルタ・ミノラと街並み。2 門は東西南北に4か所。チケットの売り場は西門にある。3 羊の毛で作られたチョギルマという帽子は、ヒヴァ発祥のもの。防寒はもちろん砂漠の灼熱の太陽から頭を守る。4 高さ57mのヒヴァ最長のミナレット。

127

ヒヴァで必ず見たいマストゴーな遺跡

城壁に囲まれたイチャンカラの中には約 50 の遺跡があり、歩いてゆっくり散策できる。イチャンカラは、共通入場券（一部を除く）を購入すれば、各遺跡が見られる。気になる遺跡があればどんどん見てみよう。

イチャンカラ共通入場券 25 万スム

Must go! 1　Kalta Minora
キャルタ・ミノラ

ヒヴァにはふたつのシンボルがあり、ひとつはこのミナレット。建設途中で放棄されたミナレットで、完成すれば 80m を超える中央アジア最大になる予定だった。

Must go! 2　Islomxoja Madrasa Va Minorasi
イスラムコジャ・マドラサ・ミノラ

ヒヴァのもうひとつのシンボル。わずか 2 年で建てられた、高さ 57m のヒヴァ最大のミナレット。中には 118 段の螺旋階段があって観光客も登れるので、チャレンジしてみる？

Must go! 3　Pakhlavon Makhmud Mausoleum
ファフラボン・マフムッド廟

伝説の格闘家ファフラボン・マフムッドとその家族が眠る廟。ここは共通入場券のほかに別途料金がかかるが、内部には素晴らしい装飾が施されているので、一見の価値あり。

KHIVA 遺跡

Must go! 1
Kalta Minora
キャルタ・ミノラ

未完成のミナレットに残る逸話

1851年、当時の王アミーヌ・ハンは80mを超える最大級のミナレットを計画。諸説あるがほかの国にこの技術が盗まれないよう、建築家や職人を完成後に皆殺しにするように指示。これを知った関係者が逃げ出し工事は途中で頓挫。さらにペルシャ遠征の途中、アミーヌ・ハンは戦死。資金も底をつき完成には至らなかった。現在の高さは29m、台座の直径は14m。もし完成していたら、とてつもなく大きなものになったはずだ。このミナレットは、オリエント スター ヒヴァ ホテルの敷地内に建ち、ホテルが所有している。

Map/P128 A-1

Must go! 2
Islomxoja Madrasa Va Minorasi
イスラムコジャ・マドラサ・ミノラ

高さ57mの頂上からイチャンカラを眺める

1908年の施工当時の大臣イスラムコジャによって、2年で建てられた。このミナレットの中は螺旋階段になっていて、頂上まで登ることができる（10万スム）。階段は118段、段差は41cmもあってなかなか大変だが、頂上から眺めるイチャンカラの景色は壮観。記念にチャレンジしてみては。

Map/P128 A-1

Must go! 3 Pakhlavon Makhmud Mausoleum
ファフラボン・マフムッド廟

無敗の戦士が眠る人気の巡礼地

14世紀の伝説の格闘家ファフラボン・マフムッドの廟。多くの奴隷を助けたため人気が高く、数々の戦でも活躍して当時の王からも尊敬を受けていた。マフムッドの死後、イスラムの聖職者たちが廟を建設、多くの巡礼者が集ったためハナカやモスクも建てられた。
（別途料金/入場料 40,000スム）

Map/P128 A-1

Juma Mosque
ジャマ・モスク

10世紀に建てられたモスクは、ゲートやドームもなく、213本の柱で構成されたアラブ式のめずらしい造り。柱は10世紀のものもあり、インドから持ち込まれた仏教彫刻の柱も。

Map/P128 A-1

KHIVA 遺跡

城壁を歩く！

イチャンカラを眼下に見るお散歩コース

イチャンカラを取り囲む全長2250mの高い壁。この上は歩くことができる。北門の中にある土産物店で入場料（40,000スム）を払うと、城壁の入口へ案内される。壁最大の高さは地上から10mほどで、イチャンカラを眼下に見る爽快感がたまらない。西門付近で一度壁が途切れるのでぐるりと1周することはできないが、下から見るのとはまた違った景色を堪能できる。

1 イチャンカラを高い位置から見られる。**2** 城壁の上は道幅も広く歩きやすい。**3** 銃眼（じゅうがん）の跡がいくつも残る。**4** ここからスタート。**5** この開放感がたまらない。

チケット売場　Map/P128 B-1

Gastronom
ガストラノーム

何でも揃うミニスーパー

イチャンカラの中にも酒屋はあるが価格が高いので、西門から徒歩5分の場所にあるこちらがおすすめ。中規模のスーパーマーケットで、いちばん奥にお酒のコーナーがある。料金の表示があるので購入しやすい。

99J4+JF, Khiva
10:00 ～ 24:00　休みなし
Map/P128 B-1

131

おいしいヒヴァ

Restaurant レストラン

Mirza Bashi Tea House
ミルザボシ ティーハウス

ヒヴァの伝統的なレストラン

ジャマ・モスクの近くの人気レストラン。店先にあるタンドルでは、次々とナンが焼かれ、多くの人たちで賑わう。店内はホラズム地方の伝統的な装飾で、窓にはアドラスの衣服が飾られてとっても良い雰囲気。ここではウズベク料理とロシア、タイなど世界各国の料理が食べられる。おすすめはあっさりとした味わいのプロフ。プロフは西へ行くほど油が少なく炊き込みご飯のような味わいになるので、ぜひ試してほしい。

1 この日はヒヴァプロフ（40,000スム）、牛肉をスライスして揚げたホラズムケバブ（57,000スム）をメインに。 **2** ジャマ・モスクをモチーフにした柱。 **3** 店頭で焼き上げるナン。 **4** レンガ造りの外観。 **5** ナンにつける家紋を押す様子。

☎ 998-33-569-89-89
10:00～23:00　休みなし
カード VISA、MASTER
Map/P128 A-1

遺跡を眺めながら食事を楽しむ

Cafe Zarafshon
カフェ ザラフシャン

イチャンカラいちばんの高さを誇る、イスラムコジャ・マドラサ・ミノラのすぐ近くにあるレストラン。夏場は店外にテラス席が設けられ、ミナレットを見ながら食事ができると人気だ。レストランは1908年に建てられたマドラサだった建物で、雰囲気も抜群。伝統的なウズベク料理に加え、牛肉煮込みのバラク・アッサルティなど、ホラズム地方のメニューも豊富に揃える。

1 夜にライトアップされる遺跡の前でディナー。**2** ヒヴァの伝統的な家庭料理カブシュルマ・グンマとバラク・アッサルティの盛り合わせ。**3** 華やかな店内。

☎ 998-91-987-32-37　11:00〜23:00
休みなし　カード VISA、MASTER
Map/P128 A-1

テラスから遺跡を望む
カフェレストラン

Terrassa Cafe & Restaurant
テラッサカフェ アンド レストラン

西門近くにある一軒家のカフェレストラン。2階と屋上のオープンテラス席から、食事をしながらイチャンカラの遺跡が見られると人気。料理はウズベク料理やホラズム地方の家庭料理、西洋料理などのメニューを揃える。ケーキの取り揃えもよく、ティータイムで利用する人も多い。人気店なので特にディナーは予約して。

☎ 998-91-993-91-11
10:30〜23:00
休みなし
カード VISA、MASTER
Map/P128 B-1

1 3階のオープンテラスは、開放的な抜群の雰囲気。**2** グンマなどホラズム地方の家庭料理。**3** 2階のテラス席。**4** 冬期は店内がおすすめ。

持ち帰りたいヒヴァ
Shop
ショップ

ヒヴァはお買いもの天国！
通りに広がるたくさんのお店で
お気に入りを見つけて

イチャンカラは遺跡や宿、レストランが2㎢の中に1か所にまとまり、歩いていろいろ見られるのが良いところ。ショップも実にたくさんあって、さまざまなものが売られている。歴史的な建物の中で代々続く衣服店や絨毯の店、通りの露天では手作りの編み物、ふさふさ帽子のチョギルマやトガラクなどが売られ、とっても賑やかな雰囲気。価格提示がない店も多いので値段は交渉になるが、いわゆるアジアに見られるようなゴリゴリに売りつけるような雰囲気はなく、どちらかというと程よくやる気がない感じ。それがまた心地よくて、交渉のやりとりを楽しみながら買い物ができる。ここでしか買えないものも多いので、気に入ったら購入してみよう。

歴史的建物の中の
スザニショップ

Suzani Shop
Mozori Sharif
スザニショップ モゾリシャリフ

1 壁一面に飾られる美しい刺繍の帽子。**2** かわいい店内に心が躍る。**3** 19世紀の歴史的建築物。

1882年に建てられたモゾリシャリフというマドラサをリノベーションして、スザニショップに。歴史を感じる建物は素晴らしく一見の価値あり。店内にはオリジナルのスザニがいっぱいで、中庭には大きな壁掛けなども。洋服や帽子、クッションカバー、ランチョンマット、バッグや財布の小物グッズまでと幅広いラインナップ。どれもかわいらしく、普段使いできそうなデザインでセンスが良い店。

10:00〜19:00　休みなし
カード VISA、MASTER
Map/P128 B-1

シルクカーペットの
織物体験ができる

Silk Carpet
Work Shop
シルクカーペットワークショップ

1 全てオリジナル商品。**2** 天然の素材を使って着色。**3** 看板も立てられ見つけやすい。

1879年に建てられたマドラサをイギリスの民間プロジェクトと協力して修復、2001年にオープン。こちらも歴史的建物の中で営業するシルクカーペットのお店だ。サマルカンドやブハラと並び、シルクカーペットはヒヴァの伝統的な工芸品。絨毯として敷いて使うだけではなく、壁掛けの装飾品としても使用される。店内にはランチョンマットやストールなど、日常で気軽に利用できるものもたくさん。併設される工房では、機織り機を使ったシルクカーペットの制作体験が無料でできるので、試してみるのも楽しい。

10:00〜19:00　休みなし
カード VISA、MASTER
Map/P128 B-1

世界遺産に泊まりたい

Hotel
ホテル

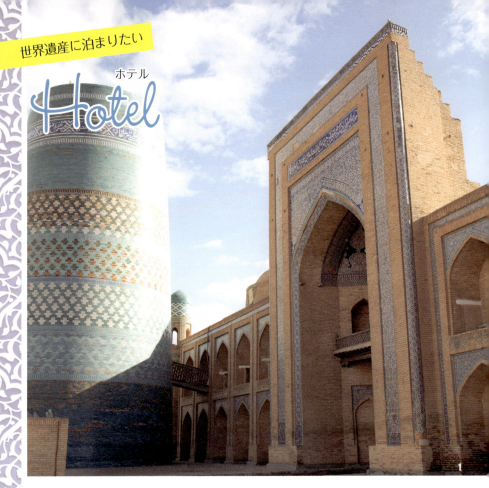

一度は泊まってみたい憧れのホテル

Orient Star Khiva Hotel
オリエント スター ヒヴァ ホテル

世界遺産に泊まりたいー。そんな希望を叶えてくれるのは、ヒヴァを代表する未完成のミナレットを有するこのホテル。別名をマドラサ・アミーヌ・ハンといい、かつてはイチャンカラでもっとも大きなマドラサだった。そのため通路や部屋は少々狭いが、別棟のレストランが利用できるなどの特別感もあって、ぜひとも泊まってみたい。

1 キャルタ・ミノラはこのホテル所有のもの。**2** 広々とした中庭。**3** キャルタ・ミノラとつながっている。

☎ 998-712-09-22-33　IN14:00　OUT12:00　ツインルーム 120 ドル〜　スイートルーム 150 ドル〜　Wi-fi 完備、レストラン別棟、カード VISA、MASTER　客室数 78　全室禁煙　空港送迎あり（有料）　Map/128 A-1

4 部屋の入口。**5** 元々マドラサだったため階段は狭いが、それも狭すぎる階段として人気に。**6** 全室バス、トイレ付き。ツインルームの内部。

7 ホテル内にレストランはなく、別棟の建物へ。こちらも歴史的建築物で、格別の雰囲気。宿泊者のみ利用できる。**8** レストランの内部は伝統的な装飾で豪華絢爛。ここでぜひ食事してみたい！

Feruzkhan Hotel
フェルズハン ホテル

手頃な価格で遺跡に泊まる

1876年に建てられたマドラサだった建物で、手頃な価格で遺跡に泊まれると人気のホテル。中庭を取り巻くように建てられ、小さいながらレストランや、全室にバスタブ、トイレ付きで快適に過ごせる。イチャンカラの中にあり、どこに行くにも便利。何と言っても雰囲気が良く、女性のひとり旅での利用も多い。

1 中庭にはたくさんのテーブルがありのんびりできる。**2** 個性的な照明のダブルルーム。**3** ホテルの外観。

☎ 998-907-37-80-88　IN12:00 OUT12:00　ツインルーム 90ドル〜
Wi-fi 完備、レストラン別棟　カード VISA、MASTER
客室数 28　全室禁煙　Map/P128 B-1

Uzbekistan Goods

リシタンブルーの果物皿。

持ち帰りたいウズベキスタン

紀元前からあるブハラの陶器のおもちゃは、想像上の動物。顔が2個ある

高価なスザニもクッションカバーなどの小さいものなら35ドルくらい

ウズベキスタンにはたくさんの伝統工芸があって、古いものは博物館で展示されるほど歴史的価値が高い。土産物店でよく目にするカラフルなお皿。ウルグッド、ギジュドヴァン、リシタンと有名な産地が3か所あり、色合いやデザインが異なる。刺繍のスザニもウズベキスタンを代表する工芸品。綿や絹の布に刺繍をしたもので、かつては嫁入り道具だった。刺繍が細かいほど価値が高く、一枚を仕上げるのに年単位かかるものも。絨毯も機械織りより手織りの方が高価で、1㎠あたりの糸の密度で値段が決まる。手織りで密度が高いものは1日で1.5cmしか織れないという。国民的な文様のアドラスという布は、いろんな場所でお目にかかる。花や草木のデザインで、天然素材で染色した糸を織って作られ、テーブルや壁などの装飾や服、バッグなどにも使われる。ナイフやハサミも有名で、かつては男性が成人すると剣を持つ時代があった。ブハラにはたくさんの工房があり、名産品となっている。ウズベキスタンの工芸品は昔ながらの製法で丁寧に作られ、自然の素材で作った色合いが素朴でどこかかわいらしく、見れば見るほどほしくなる。

て　気になるあの文字の正体とは？

最近よく目にするのが「て」という文字のグッズ。これはウズベキスタンのスポーツメーカーのロゴで、ひらがなの「て」ではなく、「7SABER」（セブンサーバー）。「7」のフォントが日本語の「て」によく似ていることから、日本人観光客に人気に。実際はオリンピック選手の正式ユニホームにも採用されるブランドで、スポーツ系の衣服を中心に、電化製品やアイスクリームショップなど多岐に渡り展開している。

龍をモチーフにした空想上の動物

Rishton リシタン

深い青とカラフルな色使い

ウズベキスタンの約9割の陶器を生産するフェルガナ地方の陶芸の街リシタン。天然釉薬イシクールのまばゆい青の陶器が有名。

これが定番のリシタンブルーの皿。土産店では10万スムくらいから

カラフルな色あいのものも。花をあしらったデザインも多い

ビビッドな色あいが素敵な果物皿。

定番の円形に装飾をあしらった花のようなデザイン

人気のアドラス柄は陶器にも。お茶のセットで30万スムくらいから

お茶のセットは急須に茶碗6客、皿一組が基本

線ではなく細かい点で描かれる豪華なドットの皿

すかしの入る豪華な皿には果物をのせる

表情豊かなブハラのおもちゃの陶器

こちらはシャフリサーブスの皿。工場量産のタイプ

11〜12世紀の古代の絵文字を入れたデザイン

12世紀のブハラの皿を模写。これらの陶器はギジュドヴァンの博物館所蔵のもの

ギジュドヴァンの1920年代のデザイン

ギジュドヴァンを代表する色使いの皿。黄や緑、茶色を使った素朴な風合い

ヒヴァのあるホラズム州のデザインで10世紀ごろのもの

素朴な味わいが魅力 ギジュドヴァン Gijdivon

緑や黄色の渋めの落ち着いた色合いが素敵な陶器の町ギジュドヴァンの焼きもの。

Suzani スザニ

ひとつはほしい 美しい刺繍

ウズベキスタンを代表する伝統工芸品スザニ。刺繍の模様は果物や草木、星などがモチーフ。

ふだん使いできそうな綿バッグに花の刺繍。土産物店で20ドル前後

ウズベキスタンの名産品ザクロをデザインした壁掛け。長さ100cmで25ドルくらいから

まずはここから始めたいスザニコレクション。クッションカバーはデザインいろいろ

ざくろのデザインバッグは20ドル前後

ウズベキスタン工芸美術館（P41）所蔵で歴史的価値のあるスザニ

Carpet カーペット

近くで見ると ホントにきれい

伝統的な手織りの絨毯は品質が良く大変に高価なもの。でも直接見たらやっぱりほしくなる。小さいものもあるので、まずはここから。

1㎠にどれだけ糸が入るかで値段が決まるので、当然大きなものは高い

国旗のミニ絨毯は34×28cmで300ドルくらいから

16×15cmで80ドルくらいから

アドラスを使ったカラフルシューズ。軽いので旅行のアイテムとして便利

布のデザインは無限大

Adras
アドラス

国民的文様の布アドラスを使った商品は実にたくさんの種類がある。カラフルな色使いがたまらなくキュート。

陶器までアドラス柄が使われるほどおなじみの模様

指人形の衣服もアドラス。ほかのぬいぐるみも当然アドラス

アドラス柄の服もたくさん。日本ではちょっと派手かなと思いつつ気になる

アドラス柄のコットンバッグ

141

Qaychi

ブハラの名産、コウノトリのハサミ
カイチ

ブハラの旧市街には6つのナイフショップがあり、創業500年以上の店も多い。切れ味抜群のハサミはいちど使うと、もうこれ以外考えられないと思うほど。

ハサミの材質は2種類。こちらは定番のシルバー、20ドル

切れ味がさらにアップしたブラウンのハサミの材質はスチール、35ドル

刃物はブラックスチール、グリップは牛の骨のナイフは150ドル

ダマスクススチール＋鹿の角 250ドル

ダマスクススチール＋アフリカの緑木の枝 350ドル

ダマスクススチール＋アフリカのエバン 300ドル

ダマスクススチール＋アフリカの赤木 300ドル

ダマスクススチール＋くるみの木 300ドル

19世紀の刑務所の看守が使っていた長い剣

こちらはさらに古い18世紀の刑務所の看守が使っていた長い剣

ダマスクススチール＋象牙にカバー付き 1,200ドル

お土産で人気のメタルナイフ 20ドル

PichoQ

ピチョク
素材いろいろ多彩なナイフ

ナイフは刃物の素材やグリップの種類が豊富で、使う材質によって値段も異なる。実際手に取ってみるとドキドキするほどかっこいい！

チタン＋くるみの木 100ドル

カバーにも彫刻が入ったデザインナイフ